井沢元彦の
Motohiko Izawa

教科書には載らない日本史

監修 井沢元彦

宝島社

井沢元彦の

教科書には載らない日本史

宝島社

CONTENTS

第二章 近世編

つなげてみれば歴史が見える33のTOPICS #11~20

第三章 近代編

つなげてみれば歴史が見える33のTOPICS #21~30

第四章 現代編

つなげてみれば
歴史が見える
33のTOPICS
#31~33

編集協力：高水茂（高水編集事務所）、近藤美由紀、小野雅彦
表紙・本文デザイン：山下英樹（ディクショナリー）
デザイン協力：石田嘉弘（アズール図案室）
撮影：菅野豊
イラスト：くろにゃこ。

本書の内容は、2015年6月14日発行の別冊宝島2334『井沢元彦の教科書では教えてくれない日本史』に掲載された内容を一部変更したものです。

はじめに

教科書ではわからない日本の歴史

井沢元彦

教科書から消えた神話こそ日本人の文化遺産

いま行われている日本の歴史教育には、いろいろな問題点があります。

たとえば古代史の中での重要問題の一つは、日本史の教科書がほとんど神話というものに触れていない点です。

日本が戦争に負けた昭和20年以前は、神話こそが日本の歴史の中核であるということで、小学校、中学校では真っ先に教えられていました。戦後はその反動もあって、神話というのは大和朝廷《やまとちょうてい》がその支配を正当化するためにでっち上げた嘘《うそ》であるから、それを学ぶ必要はないという、正反対の態度がとられるようになりました。そして日本史の教科書の記述の中から、神話はほとんど消えてしまったのです。

しかし私は、神話はきわめて重要な歴史史料だと思っています。仮に神話が、大和朝廷の支配を正当化するために極端に美化された話だとしても、神話から学べることはたくさんあると思います。

正当化され美化されたということは、当時の人たちが何を正しいと考え、何を美しいと感じたのかがわかります。

神話というのは、それ自体が日本民族の文化遺産です。ですから、こういうものがあったのだという最低限の知識を持っておくことも、日本人として必要なことです。加えて、当時の「正当化・美化意識」を探るきわめて貴重な材料になるのです。

少なくとも過去の日本人が、それを正しいと考えていたことは事実なのですから、なぜそれを正しいと考えるに至ったのかということを探求すべきだと思います。それも一つの「歴史」であり、それ

を研究することが本当の歴史の研究態度ではないでしょうか。単純に虚偽であるから抹殺するというのでは、歴史の研究とはいえません。真理の探究という面から見ても、大変なマイナスです。

◉──朝鮮半島に関する自虐的史観

日本の歴史教科書の別の問題点は、古代史の「日本と朝鮮半島」についての考え方です。日本という国が、かつてアジアにおいては開発途上国であり、先進文明を持つ中国、そして中国と陸続きでその影響を強く受けた朝鮮半島から、多大な影響を受けたということは否定できない事実です。

しかしながら、昨今の教科書には、朝鮮半島の影響を必要以上に強調したり、逆に日本文化の独自性を矮小化《わいしょう》化したりするような記述が見られます。これは、日本がかつて朝鮮半島を植民地支配したことに対する贖罪《しょくざい》意識から来ているのかもしれませんが、本来古代史にそのようなものを持ち込むのはおかしな話です。

現行の教科書には、どれを読んでも日本は一方的に大陸の文化を受容しただけで、こちらからの働きかけはほとんど皆無であったかのように書かれています。

これは実は、今の韓国の歴史教科書と呼応している部分があるのです。韓国の歴史教科書になるとさらに極端で、日本はすべてを朝鮮半島から学んだのであって、特に古代において我々韓国人は日本から学んだことは一つもない、というような記述になっています。この極端な韓国の教科書に呼応するかたちで、日本の教科書でも一方的に朝鮮半島から文化を受容していたように書かれているということが問題なのです。

たとえばそれは「渡来人《とらいじん》」という表現にも見られます。詳しくは26ページをご覧いただきたいのですが、かつて渡来人という言葉はほとんど使われておらず、代わりに「帰化人《きかじん》」という言葉を使っていました。

しかし「帰化」という言葉を使う場合、特に古代においては、帰化される側が文明国であり、帰化する側が野蛮国であるというようなイメージがあるのです。そのためか、実は韓国側から「帰化人」というのは差別表現であるから使うべきではない、という抗議があったらしく、以後「帰化人」という表現は使われなくなりました。

民族差別を肯定するわけではありませんが、その言葉が使われていたことは事実なのですから、歴史上の問題としては、まず事実としてそれを記載するのが正しい姿勢だと思います。

たとえば、もっとずっと後の話になりますが、日本の豊臣秀吉の朝鮮侵略に関して、韓国側は当時も今も「壬辰倭乱《じんしんわらん》」という言葉を使っています。

ここで使われている「倭」という言葉は、醜く小さい人々という意味の日本人に対する蔑称です。また、「乱」というのは、下位の者が上位の者に対して反乱を起こすという意味です。韓国側が戦争の被害者として気の毒な立場であるにしても、非常に傲慢な表現ということができます。

しかし私は、この言葉自体を差別だから使うなと言うつもりはありません。それは、当時そのように呼ばれたことが事実だからです。

歴史の教科書は、当時の人々はそれを「壬辰倭乱」と呼び、その倭乱という言葉が使われた背景にはこのようなことがあったのだ、ということを書くべきです。それは欄外の注として一行ぐらい書けば済むことなのです。

そうした意味において、渡来人という言葉のみを使い、帰化人という言葉を記述しないのは、歴史の見方として偏向しているとしか言いようがありません。これでは歴史の本当の姿を見ることはできないでしょう。

●──「生類憐みの令」で抜け落ちた重要な視点

江戸時代の初期には、荒木又右衛門の敵討ち（鍵屋《かぎや》の辻の決闘）や、無頼派の大名旗本奴と町奴の対立など、血なまぐさい出来事やけんかがとても多く、3代将軍家光のころまで続きました。

なぜ多いのかというと、戦争がなくなったからです。戦争の時代は人を殺すと褒《ほ》められます。それが急に人を殺してはいけないと言われ、そのうっ憤を晴らす場がなくなってしまったからです。世の中が変わっても、人の気質はすぐには変わりません。

それを変えたのが、徳川5代将軍綱吉が出した「生類憐《しょうるいあわれ》みの令」でした。

「生類憐みの令」は天下の悪法とも言われていますが、実は、当時の人々の常識を大転換させるものだったのです。つまり、「これまでは人を殺せば誉められていたが、これからは犬一匹でも殺したら死刑だぞ」ということです。

さすがに死刑はやりすぎではないかと言う人もいます。しかし、信長も治安を良くするために、同じような厳罰主義を施行したことがありました。それは「一銭切り」というものです。これはどういうものかというと、人から金品を盗んだら、たとえそれがたったの一銭だけであっても、切る（＝死刑にする）ということです。

無茶苦茶なやり方に思えますが、それまでは警察もなく、人から物を盗むのが当たり前の時代だったのです。そんな中で治安を確立させるためには、たとえ一銭でも他人から盗んだら切られるという厳罰を科さなければ、人は意識の転換などしません。

この一銭切りの施行によって、信長の領内は治安が劇的に良くなったことからも、それは明らかです。だからこそ、みんなが信長を認めるようになったのです。そうした前例が事実としてあるのです。

ですから常識を劇的に変えるには、厳罰主義もやむを得ない部分があるのです。ところが、時間が経ち、それが新たな常識になってしまうと、なぜ過去にそれほどまでの厳罰を科したのかということがわからなくなってしまいます。その結果、あまりにも厳しすぎるのではないかと、悪い面だけがクローズアップされてしまうのです。

「生類憐みの令」についても、5代将軍の後を継いだ6代将軍が、自分がすばらしい将軍であることを強調するために、先代の政治はあまりにも行き過ぎであると悪口を言った可能性があります。6代将軍家宣《いえのぶ》は綱吉の子供ではない上、ブレーンに新井白石のような学者が付いていましたから、彼の言い分を鵜呑《うの》みにはできないと思いますが、「生類憐みの令」が劇薬的な法律であったということは間違いないと思います。

ウイリアム・シェークスピアの作品『ジュリアス・シーザー』の中に、「人が死ぬや、その善事は墓と共に葬られ、悪事は千載の後まで名を残す」という有名な台詞《せりふ》があります。これはシーザーを弁護したアントニーの台詞ですが、人間がやった良い行いはすぐに忘れられてしまうが、悪いことはずっと残るという意味です。

これは必ずしも不人情という意味ではありません。良いことというのは、次の時代の常識になってしまうために、なぜそういうことが行われたのかという原点がわからなくなってしまうということなのです。

●全体を見ない日本史の問題点

常識というのは、昔からあるものだと思ってしまうので、その常識が誰かによって変えられたということに、考えが及ばなくなるわけです。

そのため、綱吉の例で言えば、本当の意味での平和主義への転換、という業績が忘れ去られてしまっているということです。

戦国時代というのは、警察がないため、みんなが武器を持ち、今の法律用語で言えば「自力救済」「自力解決」しか手段のない時代でした。だからこそ、それが高じて殺し合いになっていったのです。

そうした世の中を、まず秀吉が武装解除（刀狩り）という形で終わらせました。しかし武器を取り上げても、人を殺してもよいではないかという考え方まではなかなか変わりません。そこで、次に綱吉が「生類憐みの令」によって、そうした意識を劇的に変えたのです。

そういう意味では、信長と秀吉、綱吉もつながっていると言えるのです。

歴史というのはまさに点と点のつながりなのです。結果が原因となりまた次の結果を生み、その繰り返しで続いているのが歴史なのです。

日本の歴史には、研究方法にさまざまな問題点があります。その中でも特に問題なのは全体像を見ていないということです。全体像を見ていないから、本当の歴史の流れというものが見えていないのです。

本書を通して、ぜひ歴史の全体像を見る目を養っていただきたいと思います。

歴史の流れが一目でわかる

日本通史年表

古代

約1万2000年前～ 縄文時代	ネイティブ・ジャパニーズとして「縄文人」といわれる狩猟民族がいた
約2400年前～	弥生時代（～紀元前3世紀）。この頃より弥生人（侵入者）の縄文人（先住民）への圧迫始まる？
西暦57年	後漢・光武帝、日本の奴国の使者に金印を与える
248年頃	邪馬台国の女王・卑弥呼死す
350年頃	大和朝廷の成立？
538年	仏教伝来
604年	聖徳太子、憲法十七条制定
672年	壬申の乱
701年	大宝律令の制定
743年	墾田永年私財法の制定
752年	大仏開眼供養
939年	平将門の乱
966年	藤原道長生まれる

中世

1185年	源頼朝、諸国に守護・地頭を置く
1221年	承久の乱
1274年	第1回元寇（文永の役）
1281年	第2回元寇（弘安の役）、鎌倉武士団、元軍を撃退
1333年	建武の新政（〜1336年で崩壊）
1336年	朝廷が南北に分裂
1392年	足利義満により南北朝統一
1467年	応仁の乱起こる（戦国時代の始まり）
1569年	織田信長、関所を撤廃

近世

1582年	織田信長、武田氏を滅亡させるも本能寺で殺される
1588年	豊臣秀吉、刀狩令発布
1592年	秀吉、朝鮮出兵（〜1598年 文禄・慶長の役）
1600年	関ヶ原の戦い
1614年	キリシタン国外追放（この後、キリスト教禁止体制の強化）
1615年	大坂夏の陣で豊臣家滅亡、徳川政権の確立

近・現代

1651年	由井正雪の乱（慶安の変）
1687年	徳川綱吉、生類憐みの令発布
1853年	ペリーの黒船来航
1854年	日米和親条約締結（最初の不平等条約）
1863年	薩英戦争（薩摩藩、イギリス海軍と交戦）
1864年	馬関戦争（長州藩、米英仏蘭の4カ国海軍と交戦し、惨敗）

1868年	明治維新、五箇条の御誓文発表
1894～1895年	日清戦争
1904～1905年	日露戦争
1911年	小村寿太郎外相、条約改正に成功（関税自主権を回復）
1914～1918年	第一次世界大戦
1937～1945年	日中戦争
1939～1945年	第二次世界大戦
1947年	日本国憲法施行
1950～1953年	朝鮮戦争（北朝鮮が韓国支配を目指した戦争）

第一章
古代・中世編

つなげてみれば歴史が見える
33のTOPICS
#1~10

TOPICS
1

神話に描かれた「国譲り」

神話は「和」を重視する日本人の心を理解するための貴重な歴史的史料

戦前の国史教科書の冒頭にある言葉

日本の歴史教育の問題点の一つは、教科書がほとんど「神話」に触れていない点です。神話はきわめて重要な歴史史料です。仮に、神話が大和朝廷の支配を正当化するために極端に美化された話だとしても、中身を検討すれば、昔の人が何を正しいと考え、何を美しいと感じたのかがわかります。

私の手元に、昭和18年版の初等科国史の教科書があります。その冒頭には天皇家の

『古事記』『日本書紀』（記紀）に登場する日本神話の神で、出雲大社の祭神。天照大神などがいる高天原の天津神《あまつかみ》に国土を献上し、「国譲りの神」と呼ばれる。

祖先神である天照大神《あまてらすおおみかみ》の言葉があります。現代語訳すると、次のような内容です。

「この日本国は、わが子孫である天皇家が治めるべき国であって、その真理は永久に変わらない。天地がずっと続くように、変わらない」

戦前の教科書は、天皇家がなぜ日本を支配するのか、天皇家がなぜ日本の王であるのかという問いへの答えとして、この言葉を冒頭で紹介していたのです。

実は、日本の神話では、天皇がこの国を支配する以前に、日本には別の王がいたことを認めています。それは出雲の「大国主《おおくにぬし》」です。この大国主が、現代風にいえば先住民族の王として日本を支配していました。ところがそこに、日本とは別の所に住んでいた王（＝天照大神）がやってきて、その土地を譲るようにいったのです。

この別の場所というのが、「高天原《たかまがはら》」です。高天原は「天の国」という意味ですが、具体的にはそれが日本なのか朝鮮半島を指すのか、中国大陸を指すのかはわかりません。

相容れない先住民族と新来民族

日本だけでなく、先住民族は世界中にいました。『旧約聖書』の〈ヨシュア記〉には、当時ユダヤ民族のリーダーであったヨシュアが、神の命令を忠実に実行するために、彼らが神から与えられた「カナンの地（現・イスラエル）」に先に住んでいた先住民族を皆殺しにしたということが書かれています。

「記紀」などに登場する日本神話の神。太陽を神格化した神であり、皇室の祖神。伊勢神宮をはじめ、全国の神明神社に祀られている。高天原の神（天津神）として、国津神《くにつかみ》の大国主命より国を譲り受ける。

ゲルマン民族の大移動などもそうですが、ある民族がすでに先住民族のいるところに侵入してくると、先住民族は逃げるか殺されるか、捕まって奴隷にされていたのです。

しかし日本の神話の上では、そうなってはいません。「国譲り」という言葉が示すように、天照は日本国を自分の子孫である天皇家に譲りたいと考え、先住民の王である大国主に国を譲るよう要求します。そして普通なら戦争になるはずの場面で、話し合いをした結果、大国主が国を譲ることを納得したと、神話には書かれているのです。そこに出てくるのが、天照の自信満々の宣言、「天壌無窮《てんじょうむきゅう》の神勅《しんちょく》」です。

天照が、この国を天皇家の子孫が統治すべきであることが「永遠に変わらない」と断言できる根拠は、そのことを大国主との「話し合い」で決めたことにあります。

話し合いで決めたことは必ず正しいしうまくいく、という「話し合い絶対主義」が、実はこの神話の根本に流れているのです。そしてこの「話し合い絶対主義」の思想は、聖徳太子の憲法十七条や、明治維新の際の五箇条の御誓文《ごせいもん》など、日本史の重要な場面で登場してきます。

TOPICS 2

「侵入者」の弥生人と「先住民」の縄文人

「国譲り」の実態は、優れた武器を持った大和族による出雲族の征服だった

二度にわたる「弥生人」の侵略

神話に描かれた「国譲り」の実態はどのようなものだったのでしょうか。私は次のように考えています。

まず、日本にはネイティブ・ジャパニーズとして「縄文人《じょうもん》」といわれる狩猟民族がいました。そこに「弥生人《やよい》」が大陸から農耕を持って入ってきます。このときはさほど大きな争いもなく、両民族の棲み分けができていたようです。

しかし、弥生人の侵入は、一度ではなく、2段階に分けて行われました。

まず、第一次弥生人は青銅器を持った人々で、日本海側を中心に日本列島に入植し、ひとつの文明を築きます。これが「出雲族《いづも》」です。この出雲族の成功を見て、第二次弥生人が日本にやって来

ます。これが天皇家の祖先と考えられます。彼らと第一次弥生人の違いは、青銅器でなく鉄器を持っていたということです。

鉄器を持つ文化が青銅器を持つ文化を滅ぼす例は、世界史上でもめずらしいことではありません。なぜなら鉄器は武器としてはもちろん農具としても優れていたからです。

この鉄器を持った弥生人が「大和族《やまと》」のルーツで、この大和族が鉄器の力で出雲とそこに住む出雲族を征服してしまったのだと考えられます。つまり、優れた武器を持った侵入者による侵略戦争――これが神話に見られる「国譲り」の実態ではないでしょうか。

「大和＝やまと」に重要な意味

神話でいえば、天照の国・大和と、大国主の国・出雲の間で戦争が起こり、敗れた大国

弥生時代の遺構

弥生時代の人々の住居は、主として竪穴住居であった。住居は主に円形・方形、長方形・隅丸方形などの平面形態をしている（写真は神奈川県横浜市都筑区にある弥生時代中期の遺跡、大塚・歳勝土《さいかちど》遺跡）。

主は無条件降伏したのでしょう。その際に没収され捨てられたと思われる358本もの銅剣が出雲の荒神谷《こうじんだに》という遺跡から発見されています。これは、それまでに全国で発掘された銅剣の総数を上回るものでした。この荒神谷遺跡からは、他にも銅鐸や銅矛などが発見されています。

しかし神話には、「侵略」とは書かれていません。それは大和族の中にも、殺し合いで国を奪ったのではなく、話し合いで平和裏に国を譲られたほうが理想的だという考え方があったからでしょう。

つまり、神話に書かれている内容は、結果は真実でも、そこに至る道のりは実際のものではなく、こういう形だったらよかったという「理想」であるということです。

ここで、日本史のキーワードともいうべき「和」という言葉が重要になってきます。

大和族の「大和」という文字は、ふつうは「やまと」と読みません。これは先に「やまと」という音があって、その言葉にもっとも意味の合う漢字をあてはめたと考えられます。それが「大和」です。

第二次弥生人は、おそらく自分たちのことを「ヤマト」と称していたのでしょう。そしてヤマトたちは、まず出雲の国を倒し、次いで吉備《きび》の国を倒しというように戦闘で相手を滅ぼし、自分たちの国を作りました。しかしその国に名前をつけるときは、自分たちが理想とする「和」をコンセプトに、大きな和をなしとげるという意味で、「大和」と名づけ、「ヤマト」と読ませたと考えられるのです。

TOPICS
3

「帰化人」はなぜ「渡来人」になったのか

「文明国から野蛮国への帰順」を意味する「帰化人」は抹消された

奈良の大仏に見る世界最高峰の技術

日本は、かつてアジアでは開発途上国であり、先進文明を持つ中国や、中国文化の影響を受けた朝鮮半島から、大きな影響を受けてきました。

しかし、文化の問題に関しては、朝鮮半島からの一方的な流入ではなく、双方向的な交流があったと思われる根拠がいくつかあります。

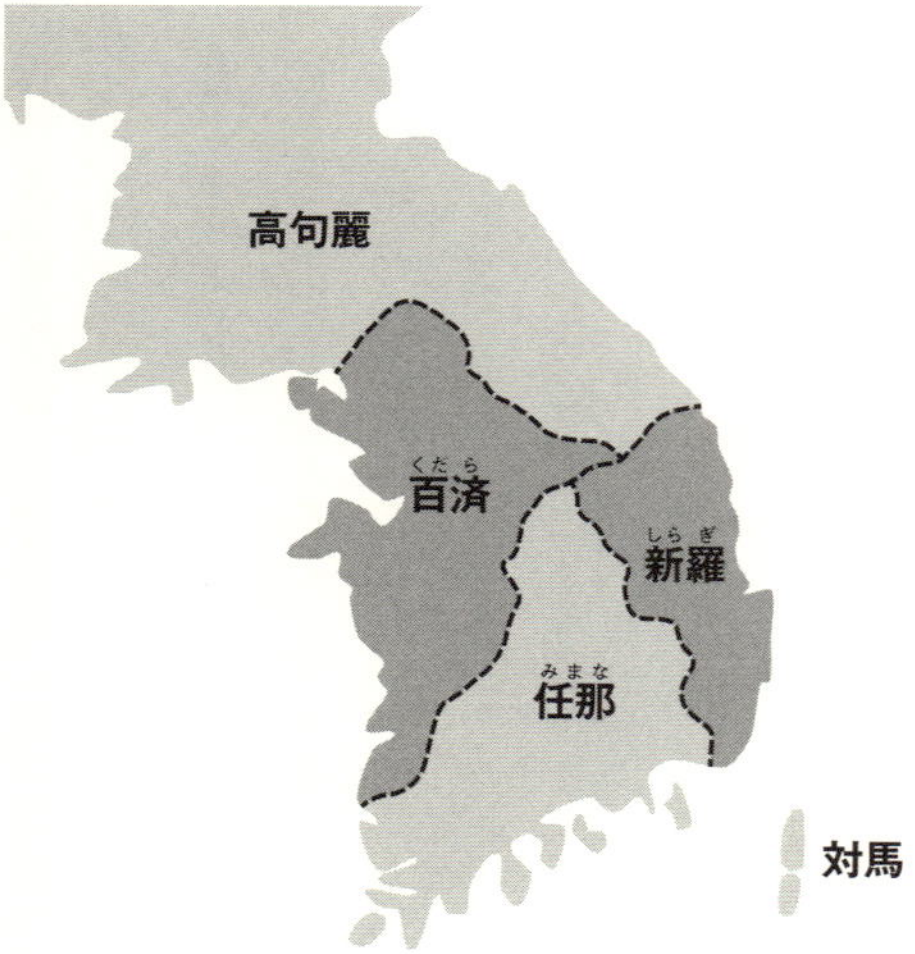

4世紀末の朝鮮半島

「任那」には、日本の植民地支配の総督府のようなものがあったが、韓国側の強い反発を受けたせいか、教科書から姿を消したり、その記述があいまいになったりしている。

まずは、朝鮮半島南部に日本式の古墳が見られることです。日本が朝鮮半島に何回か進出していたことは、「広開土王《こうかいどおう》（好太王）碑」でも明らかで、朝鮮半島に日本の文化が輸入されていても不思議はありません。

さらにもう一つ指摘しておきたいのは、奈良時代に建立された東大寺の大仏についてです。これは当時のアジア、いや世界の中でも最高の技術水準を誇るものでした。ただ大きいだけの大仏であれば、イスラムゲリラの攻撃で破壊されたバーミアン石窟の大仏、中国・雲南石窟の仏像、また韓国の石窟庵にある仏像などがあります。ただし、これらはすべて石仏です。

石という安定した状態の物体を少しずつ削り取っていくのと、ドロドロに溶かした高温の液状金属を鋳型に溶かし込んで成型していく鋳物では、まったく技術のレベルが違います。この後の中国の歴代王朝でも、このような金銅仏はついに作られることはありませんでした。

要するにこれは、当時の日本が、少なくともこの分野においては、大陸や朝鮮半島に追いつき追い越していたということを示しているのです。

「帰化人」と「渡来人」の違い

海の向こうから渡ってきた人という意味の「渡来人」という表現があります。30年ほど前まで、「帰化人」という言葉を使っていましたが、今では「渡来人」と書く教科書が増えているのです。

「帰化人」の意味は、「王の徳化をしたって帰順してきた人」ということです。つまり、「帰化」という言葉を使う場合、帰化される側が文明国で、帰化する側が野蛮国であるというイメージがあるわけです。

つまり、古代の日本は、朝鮮半島や中国大陸よりも、自分たちのほうが文明国であると自負していたのです。

それが現代の世で「渡来人」という言葉に書き換えられたのは、実は韓国側から「帰化人」は差別表現であるから使うべきではない、という抗議があったことが原因です。

しかし「帰化人」という言葉が使われていたことは事実なのですから、歴史上の問題としては、まず事実としてそれを記載するのが正しい姿勢ではないでしょうか。

広開土王の碑とそこに書かれた文字

中国吉林省集安市に現存する「広開土王碑」と、その碑文の拓本（右）。碑文からは4世紀末期に、日本軍が朝鮮半島に渡り、高句麗と交戦したことが知られる。

TOPICS 4

憲法十七条に隠された聖徳太子の真意

十七条の中には「話し合い」の重要性が二度にわたって強調されている

歴史教科書から抜け落ちていること

近年の歴史教科書における聖徳太子《しょうとくたいし》の「憲法十七条」の記述は、とても重大な問題を含んでいます。

たとえば、三省堂の教科書には、【憲法十七条には仏教や儒教《じゅきょう》の考えが取り入れられ、天皇のもとに支配を秩序づけることや、官僚として勤務する心がまえなどが説かれた】とあります。他の教科書も同様ですが、最も肝心なところが抜け落ちています。

さらに、ほとんどの教科書は、十七条のうちの第三条までしか引用していません。しかも条文を途中で割愛しているうえ、「以下略」や「一部抜粋」とも書いていないため、多くの人々は、憲法十七条の条文は短く、たとえば第一条は「和を以《もっ》て貴《たっと》しと為《な》し、忤《さか》ふること無きを宗とせよ」で終

聖徳太子は仏教を深く信仰しながら、憲法十七条を制定する際は仏教よりも「話し合い」つまりは「和」の精神を優先した。

わりだと思っています。

条文の後半に聖徳太子の真意

さらに問題なのはその中身です。『日本書紀』の原文は非常にわかりにくいので、仏教学者の中村元《はじめ》氏が著した『聖徳太子』（東京書籍刊）を援用します。

それによると、まず第一条で聖徳太子が強調していることは、「お互いの協調性を保つ」ことです。その一方で、教科書に引用されていない条文の後半では、「人間にはさまざまな欠点があり、争いを起こすようになる」と述べています。

その解決策として、聖徳太子は、

「頻繁《ひんぱん》に話し合いを行え」と言い、そして、話し合った内容は「おのずから道理にかない、何ごとも成しとげられないことはない」と断言しています。話し合いで決めた内容は必ず正しく、成功すると言っているのです。

さらに聖徳太子は、第十七条でも、「重大なことがらはひとりで決定してはならない。かならず多くの人びととともに論議すべきである」と述べています。そして最後は「そのことがらが道理にかなうようになる」と結んでいます。

まとめますと、聖徳太子は、人間にとっては「和」、つまり対人関係における協調性を保つことが何よりも大切であると言っているのです。何よりもというのは、第二条における仏教よりも、第三条における天皇の命令よりも重要だということです。重要だからこそ、最初の第一条と最後の第十七条で同じことを2回繰り返したのです。

つまり、聖徳太子は話し合いというものを最も重視する日本人であり、神話の「国譲り」にも、また、時代をさらに下がって明治新政府の「五箇条の御誓文」にも登場する「話し合い」の精神が、ここで再び登場してつながってくるのです。

憲法十七条の全文

歴史の教科書では一般的に第三条までしか紹介されていない憲法十七条だが、最後まで条文を読んでいくと、「話し合い」つまり「和」の精神が十七条目にも登場し、繰り返し強調されていることがわかる。

一に曰く、和を以《もっ》て貴《たっと》しと為《な》し、忤《さか》ふること無きを宗とせよ。人皆党有り、また達《さと》れる者は少なし。或いは君父に順《したが》わず、乍《また》隣里に違《たが》う。然れども、上和《やわら》ぎ下睦《むつ》びて、事を論《あげつら》うに諧《かな》うときは、すなわち事理《ことわり》おのずから通ず。何事か成らざらん。

二に曰く、篤《あつ》く三宝《さんぽう》を敬へ。三宝とは仏・法・僧なり。則ち四生の終《つい》の帰《よりどころ》、万国の禁宗《きわみのむね》なり。はなはだ悪しきもの少なし。よく教ふれば従う。それ三宝に帰《よ》りまつらずば、何を以ってか枉《まが》れるを直《ただ》さん。

三に曰く、詔《みことのり》を承りては必ず謹《つつし》め、君をば天《あめ》とす、臣をば地とす。天覆い、地載せて、四の時順《めぐ》り行き、万気通ずるを得るなり。地天を覆わんと欲せば、則ち壊《やぶ》るることを致さんのみ。こころ以て君言えば臣承わり、上行けば下…（略）

四に曰く、群卿《ぐんけい》百寮、礼を以て本《もと》とせよ。其れ民を治むるが本、必ず礼にあり。上礼なきときは、下斉《ととのわ》ず。下礼無きときは、必ず罪有り。ここを以て群臣礼あれば位次乱れず、百姓礼あれば、国家自から治まる。

五に曰く、饗《あじわいのむさぼり》を絶ち欲することを棄て、明《あきらか》に訴訟《うったえ》を弁《わきま》えよ。（略）

六に曰く、悪しきを懲らし善を勧むるは、古《いにしえ》の良き典《のり》なり。（略）

ものごとを解決するためには、頻繁に話し合いを行うよう述べている。

同じく、多くの人々とともに話し合いを行えば、
道理にかなうような決定ができると述べている。

七に曰く、人各任有り。(略)

八に曰く、群卿百寮、早《はや》く朝《まい》りて晏《おそ》く退《まか》でよ。(略)

九に曰く、信は是《これ》義の本なり。(略)

十に曰く、忿《こころのいかり》を絶ちて、瞋《おもてのいかり》を棄て、人の違《たが》うことを怒らざれ。人皆心あり。心おのおの執《と》れることあり。かれ是《ぜ》とすれば、われ非《ひ》とす。われ是とすれば、かれ非とす。われ必ずしも聖にあらず。(略)

十一に曰く、功と過を明らかに察《み》て、賞罰を必ず当てよ。(略)

十二に曰く、国司《くにのみこともち》・国造《くにのみやつこ》、百姓に斂《おさめと》ることなかれ。国に二君非く、民に両主無し、率土の兆民、王《きみ》を以て主と為す。(略)

十三に曰く、諸の官に任せる者は、同じく職掌を知れ。(略)

十四に曰く、群臣百寮、嫉み妬むこと有ること無かれ。(略)

十五に曰く、私を背《そむ》きて公に向《ゆ》くは、是臣が道なり。(略)

十六に曰く、民を使うに時を以てするは、古の良き典《のり》なり。(略)

十七に曰く、夫《そ》れ事独り断《さだ》むべからず。必ず衆とともに宜しく論《あげつら》ふべし。少事はこれ軽し。かならずしも衆とすべからず。ただ大事を論うに逮《およ》びては、もし失《あやまち》あらんことを疑う。ゆえに衆と相弁《あいわきま》うるときは、辞《ことば》すなわち理《ことわり》を得ん。

聖徳太子

❖なぜ聖徳太子は話し合いを重視したか

聖徳太子が「話し合い」というものを最も重視する日本人であったということは、31ページで説明しました。

では、なぜ聖徳太子はこのような考え方にたどり着いたのでしょうか。これは今の教科書からはまったく出てこない視点です。そもそも「話し合い」という部分が教科書では削られているのですから、出てくるはずもありません。

まず指摘できることは、聖徳太子の個人的な考えではないということです。その理由を述べるために、聖徳太子についての基本的なことに触れておきたいと思います。

「聖徳太子」という名は、彼の死後、その遺徳を偲んで贈られた名前です。彼が生きていたときの呼び名は、あくまでも厩戸《うまやどの》皇子《みこ》です。彼は皇子であると同時に皇太子でもありました。

皇子はたくさんいますが、皇太子は一人だけです。

彼は用明天皇の息子ですが、皇太子になったのは彼の父である天皇が亡くなった後です。用明天皇の妹である推古天皇が女帝として即位した折に、その甥であった聖徳太子が皇太子となり、摂政として政務を担当したのです。

彼は政治家としてさまざまなことを行いましたが、特に外交面は、男性である聖徳太子がすべてやっていたようです。

教科書にも、憲法十七条の直前に、隋の煬帝《ようだい》に対して日本が国書を送ったことが書かれています。このとき煬帝に宛てた国書には「日出る処の天子、日没する処の天子に書をいたす」と記されていました。これは日本が隋に対して対等の意識を持っていたことを示す史料として有名ですが、この国書の差出人は聖徳太子だと考えられます。

❖「公人」なら天皇の命令を重視

とにかくこの時期、聖徳太子が国王代理としてほとんどの政務を実際に見ていたということは、はっきりしています。ですから、もし彼が摂政という公人の立場を最も重要視していたのなら、強調すべきことは「日本人よ、天皇の命令に従え」ということであったはずです。

確かにそのことを記した条文はあります。「詔を承りては必ず謹め」という第三条です。「詔」というのは、天皇の命令という意味ですから、それを「承りては必ず謹め」ということは、日本人よ天皇の命令に従いなさいという意味になります。しかし、これはあくまでも第三条なのです。

この第三条の前の第二条には、「篤く三宝を敬へ」と書かれています。「三宝」というのは、仏・法・僧の三つを意味する言葉です。

「仏」とは仏教の仏そのものであり、「法」とは仏の教えのことです。今は仏の教えを「仏教」と言いますが、昔は教えのことを「法」と言い、仏の教えは「仏法」と言ったのです。そして「僧」というのは、その教えを実践する僧侶のことです。ですから三宝を敬いなさいというのは、「仏教という良い宗教があるのだからそれを尊重しなさい」という意味です。

聖徳太子は熱心な仏教信者として有名な人です。当時の仏教はまだ外来宗教という色合いが強く、その外来宗教の篤信家として彼は有名な存在でした。しかし彼は、仏教を尊重しなさいと言ってはいますが、必ずしもそれにすべてを委ねなさいとは言っていません。

そして、ここが肝心なのですが、これを言っているのは第二条だということです。

❖1200年後も生きる話し合い絶対主義

聖徳太子という人は、公人としては天皇家出身の政治家であり、私人としては、熱心な仏教徒という位置づけになりますが、その公人としての立場や、私人としての立場よりも優先して、第一条に掲げたのは、「話し合いをしなさい」ということでした。

ということは、この第一条は、聖徳太子の個人的な考えから出たものではないということになります。聖徳太子が個人的な考えで、日本人よこうしなさい、と述べたのは、第一条ではなく、むしろ第二条、第三条の部分です。

では第一条はどこから来たのでしょうか。

私は、これこそが日本人全体を支配している原理だと考えています。

話し合いを重んじ、話し合いさえすれば、ものごとはすべてうまくいく。こうした考えを、「話し合い絶対主義」と名づけたのは評論家の故・山本七平氏ですが、その話し合い絶対主義こそが日本人の共通原理だということを、初めて文書の形で示したのが、この「憲法十七条」なのです。

さらに時代を1200年以上下り、明治維新後の政府の政策の方針となった「五箇条の御誓文」においても、真っ先に挙げられているのは、「話し合い」だったのです。

聖徳太子の墓(叡福寺《えいふくじ》北古墳)

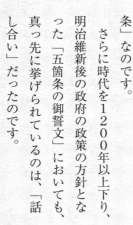

コラム

日本人が「和」を重んじるのはなぜか

怨霊を生み出さないために生まれた考え方

本書でも何度か登場する重要なキーワードが「和」です。

聖徳太子が憲法十七条の中で、「和を以て貴しと為し」というよりもずっと前から、日本人は「和」をたいせつにしていました。「国譲りの神話」にはそのことが描かれていますし、大和朝廷を作った人たちも政権確立当初から、「和」を理想とし、重んじていたのです。それはなぜでしょうか？

「和が乱れる」ということは、「競争する」ということです。競争すれば、勝者と敗者が生まれます。敗者は当然ながら勝者に恨みを持ちます。そしてその恨みを放っておいたら、怨霊《おんりょう》が生まれてしまうのです。

奈良・平安時代の人々は、強く怨霊を恐れました。たとえば菅原道真《すがわらのみちざね》の怨霊を鎮めるために天満宮を設立します。そのほかにも、さまざまな祟《たた》りを恐れて、試行錯誤を繰り返しながら鎮魂方法を編み出していったのです。

つまり、古代の人々は、怨霊を強く恐れたが故に、そもそも怨霊を生み出さないようにするための方法を考え、そこで行き着いた考えが「和」だったのです。

これは怨霊を一種の病気と考えるとわかります。病気になったときに治療は大事ですが、もっと理想的なのは、病気にかからないようにすることです。インフルエンザの場合は予防接種を打ちますが、「怨霊」という恐ろしい病気を予防するためには、人と競争しないこと、協調性を持つこと、つまりは「和をたいせつにする」ということが、非常に大事になってきます。そのことを頭の片隅に入れて、読み進めてみてください。

菅原道真を祀る太宰府天満宮

TOPICS
5 武士の誕生

「穢れ」の存在であった武士は、力を持つと政治への発言権を求め始めた

映画『羅生門』からわかること

黒澤明監督の映画『羅生門《らしょうもん》』の冒頭には、ボロボロに痛んだ羅城門の建材を浮浪者たちが引きはがし、焚《た》き火をしているシーンが出てきます。

この羅生門は、平安京の正門である「羅城門《らじょうもん》」を模しています。国家の正門を破壊して焚き火をしても、当時の平安朝政府にはそれを罰する権限も人間もなかったのです。

平安時代の日本は、律令制度下で行政機関として八

当時の郡の荒廃ぶりを象徴する『羅生門』のイメージ。羅城門は、中国でいえば天安門、フランスでいえば凱旋門にあたる国家の首都の正門。本来、政府がきちんと機能していれば、国家の正門を破壊して焚き火などしたら重罪だが、それを取り締まる権限も人間も、当時の平安朝政府にはなかったという状況を、このシーンは表わしている。

省が設けられ、現在の防衛省にあたる兵部省《ひょうぶしょう》や、警察の役割をする刑部《ぎょうぶ》省《しょう》もありました。そのため、平安時代の初期には治安も悪くなかったのです。

治安が悪化したのは平安中期以降です。征夷大将軍《せいいたいしょうぐん》として派遣された坂上田村麻呂《さかのうえのたむらまろ》らの働きにより、「蝦夷《えみし》」という異民族を東北地方から一掃します。

ところが朝廷は戦争が終わったとたん、軍備を廃止し始めたのです。そして兵部省や刑部省の人員も削減し、ついにはゼロにしてしまいます。

この、軍備撤廃という異常な事態をもたらしたものは、日本人が古くから信仰している宗教、すなわち

将門ゆかりの地

「兜町」の名前の由来にもなった中央区日本橋兜町の兜神社。将門の兜を埋めたという説がある。

朝廷に武士の土地所有権を認めさせようとした平将門だったが、実際にやったことは朝廷の真似事であり、武士を一つにまとめる「悲願」のようなものを持たなかった。

「穢《けが》れ」でした。穢れを信じる人にとっては、罪も災いも過ちもみな穢れであり、悪霊の仕業でした。その穢れの中でも特に日本人が忌み嫌ったのが、死の穢れ（死穢《しえ》）です。死ぬことも、相手を殺すこともいとわない軍隊は、死穢に満ちた職業だったのです。

平将門の乱は開拓民の独立運動

軍隊や警察機構が有名無実化した日本では、当然治安も悪化します。治安の悪い国では、自衛のためにみんなが武器を持つようになります。これが武士の興りです。

武士たちは力を持つと、政治への発言権を求めます。彼らが発言権を求めた最大の理由は、土地の正式な所有者となることです。当時の荘園制度の下では、武士は土地を開墾しても、その所有者になることが認められていなかったのです。

そこで、武士の所有権を初めて武力で朝廷に認めさせようとしたのが、平将門《たいらのまさかど》でした。将門の行為は「反乱」と言われていますが、武士たちから見れば、中央の平安朝政府に対する開拓民の独立運動だったのです。

しかしそれは失敗に終わります。なぜなら、将門は自ら「新皇《しんのう》」と名乗り、新たな官僚制度を作るのですが、これは朝廷の真似事にすぎず、そこには明確な目標も、武士たちをひとつにまとめる共通の悲願のようなものもなかったからです。実際に武士の悲願の達成は、平安末期の源頼朝の登場を待つことになります。

TOPICS
6
源頼朝の人心掌握術
武士の悲願を知っていた苦労人・源頼朝と、権力に固執した平清盛の違い

平将門の轍を踏んだ平清盛

武士が実質的な力を持ってくるのは、具体的には１１５６年の保元《ほうげん》の乱からです。

保元の乱は、崇徳上皇《すとくじょうこう》と後白河天皇が争った朝廷内のお家騒動でしたが、彼らは武力を穢れたものとして放棄していたため、兵力を持っていません。そこで上皇と天皇は、当時すでに成立していた武

平清盛の失敗

- 自分が太政大臣になり、一族郎党も貴族にして日本を牛耳ろうとした。
- 武士の悲願（土地所有権を認めさせ、政治に参加させる）がわかっていなかった。
- 藤原氏と同じ手法で、娘を天皇の中宮に、生まれた子どもを天皇にしたが、武士の不満を解消することはできなかった。

士団に声をかけて、各陣営に引き入れます。勝った後白河天皇方には平清盛《たいらのきよもり》と源 義朝《みなもとのよしとも》が付き、負けた崇徳上皇方には清盛の叔父である平忠正《ただまさ》と義朝の父である源為義《ためよし》が味方に付きました。

その結果、平清盛と源義朝が武士の第一人者として生き残りました。この2人が争ったのが平治の乱（1159年）で、この戦いに勝利した平清盛が権力を握ります。敗れた源義朝は殺され、源義朝の遺児である源頼朝《よりとも》と源義経《よしつね》は、一命は救われますが、頼朝は流罪になり、義経は寺に入れられました。

こうして平氏の政権が成立します。しかし平氏の政権も基本的に平将門と同じ間違いを犯します。なぜなら清盛もまた、自分が太政大臣になり、自分たちの一族郎党を貴族にすることによって、日本国を牛耳ろうとしたからです。要するに、清盛にも「武士の悲願」というものがわかっていなかったのです。

武士の悲願とは、簡単に言えば、武士たちの土地所有権を認めさせ、政治に参加させることです。しかし清盛にはそれはまだできなかったのです。なぜなら、清盛の時代には、どこにも武士の政権の手本となるものがなかったからです。

それまでの日本は、中国を手本にした政治を行っていました。律令制度も中国から取り入れたものです。ところが平安朝以降に武士が興ると、中国の模倣では世の中を治められなくなってきます。なぜなら、武士というものが、そもそも中国にはありえない階層だったからです。

したがって、清盛が藤原氏と同じことをやったのも、ある意味仕方のないことだったのです。

源頼朝の成功

- 流罪を経験し、下級武士の暮らしを経験することで、武士の悲願を理解できた。
- 朝廷に守護・地頭の設置を認めさせることで、武士の土地の所有権と、その任命権を獲得した。
- 形式上は朝廷の家臣ではあるが、都から離《はな》れられる「征夷大将軍」というポストを選び、関東の軍政と徴税の権利を獲得した。

後白河法皇の情報操作により義経が謀反を起こすと考えた頼朝は、弟、義経の暗殺命令を下し、義経は奥羽の地で最期を遂げる。

です。

武士の心を捉えた頼朝の政策

清盛に理解できなかった「武士の悲願」を源頼朝が見抜けたのは、彼が流罪を経験していたからです。

頼朝は源氏の嫡流《ちゃくりゅう》でお坊ちゃん育ちでしたが、流罪になったことで下級武士の暮らしを味わうことになりました。その苦しい生活の中で、彼は武士たちの悲願が何であるかを知ったのです。そして、自分が多くの武士たちの代表者、代弁者となって、彼らの利益のために朝廷と交渉すればよいのだということに気づくのです。そこから頼朝の復権が始まります。

平氏との戦いに勝利を収めた頼朝が最初に認めさせたのは、守護《しゅご》・地頭《じとう》の設置でした。「守護」は当初、「惣追捕使《そうついぶし》」と呼ばれています。そのきっかけとなったのは源義経の追捕です。

源義経は、平氏を滅亡に追いやった、いわば源氏側のヒーローです。しかしその義経を頼朝は反逆人とし、反逆人を指名手配するための追捕使を全国に置かせてくださいと朝廷に申し出たのです。これは、警察部門は我々が担当しますという宣言です。

朝廷としてはできれば武士に政治の権限は渡したくありません。しかし、彼らにとって手を染めたくない穢れ仕事なら許容できました。そこで追捕使を置くことを認めたのですが、この追捕使が、後に守護といわれる治安全般の維持を担う役職になっていくのです。

この守護よりもさらに重要なのが「地頭」の設置です。「地頭」は、正式な土地の所有者ということですが、重要なのは、地頭は朝廷が頼朝に任命権を認めた日本国の公職であったということです。

頼朝はこの権利を獲得するために、当時の朝廷のトップである後白河法皇と直接会談を行うなどして、そこで地頭の設置によって武士が正式な土地の所有者となることを認めさせただけでなく、それを任命する権限が自分にあるということまで朝廷に認めさせます。

その後、頼朝は朝廷から「右近衛大将《うこんえのだいしょう》」に任命されますが、彼はいったんこれを受けた後、すぐに辞めています。なぜなら、右近衛大将の地位では、完全に朝廷の家来になってしまうからです。

朝廷の家来になりたくない彼が狙ったのは、「征夷大将軍《せいいたいしょうぐん》」というポストでした。これは日本に限らず世界中どこでもそうなのですが、皇帝が将軍を外地に派遣する場合、将軍には現地でのある程度の権限が与えられます。なぜなら、昔は今のように電話やメールもないので連絡をするにも膨大な時間がかかったからです。そこで、本来は王にしか許されない徴兵や徴税の権利などが将軍には与えられていました。

征夷大将軍になることで、頼朝は京都と遠く離れた関東に関する軍政、いわゆる兵を集めたり税金を集めたりする権利を獲得します。

政権を「奉還する」という考え方

しかし、朝廷の中にも、武士による関東支配が気に食わないと思う人物はいました。その筆頭となった後鳥羽上皇《ごとばじょうこう》（引退した元天皇）は、鎌倉政権を討つための兵を起こします。これが承久《じょうきゅう》の乱（1221年）です。ところが、朝廷には直属の軍がありませんから、ここでもまた武士を用いることになります。伝統的な価値観から、天皇につく武士たちもいましたが、それはやはり少数派です。武士の権益を守る鎌倉政権に対して倒幕の意気が上がるはずもありません。結果は案の定、幕府の勝利となります。そしてこの戦いに勝つことによって、それまで東国だけだった幕府の軍政は、一気に全国に広がりました。具体的に言えば、それまで西国に置けなかった地頭が、これ以降全国に置けるようになったのです。

　幕府政治とは、建前としては、朝廷が日本の統治権を将軍に委《ゆだ》ねている形になります。ですから将軍家が役に立たなくなったら、将軍家から朝廷に日本の統治権を返せばよいわけです。これが、江戸幕末の大政奉還です。

　頼朝の時代に、朝廷が幕府に対してこの国の統治を委任したという考え方があったことによって、明治維新の時代に「奉還（返還）」という考え方が再びよみがえるのです。

中尊寺金色堂

藤原泰衡《やすひら》は、頼朝の命に従って義経を攻め殺した。にもかかわらず頼朝は平泉を攻め滅ぼし、泰衡を殺して奥州制覇を成し遂げる。中尊寺には、その鎮魂の意味が含まれていると考えられる。

TOPICS 7

元寇と神風

「神風」は起きた。しかしそれ以上に日本が元軍を撃退できた理由があった

日本の勝利の理由は神風だけではない

1271年、中国に「元」という大国を築いたモンゴルは、周囲の国々を次々と侵略していきました。そして、ヨーロッパや中東、アジア、東は朝鮮半島にまでおよぶ巨大な帝国を築いたのです。そして日本にもその食指を伸ばしてきます。これが元寇です。当時、この元の侵略の手から逃れた国はほとんどありませんでしたが、日本は元軍を2度も撃退しています。

なぜ小さな島国の日本が、2度も元軍を撃退できたのでしょうか？　昔の人は、「神風が吹いたからだ」と言います。実際、元軍の大船団を大嵐が襲い、ほとんどの兵士が溺れ死んだことは、日本だけでなく、元側の記録にも残されています。

しかし、日本が元を撃退できた最大の理由は、神風ではありません。

生《いき》の松原元寇防塁

元軍の攻撃を防ぐために博多湾の海岸線に築かれた防塁。

日本は世界一安全だった

当時の元軍の強さの秘密は、「騎兵」にありました。当時の軍団は、騎兵と歩兵によるシンプルな構成でした。そして歩兵と騎兵でどちらが強いかといえば、圧倒的に馬に乗った騎兵のほうが強いのです。

日本の騎馬隊は全員が騎兵ではなく、騎兵と歩兵の混成集団でした。一方の元軍の騎兵は、最下級の兵士まで騎馬に乗っている、真の意味での騎馬軍団でした。

しかし、戦場に出る際、兵士は乗り換え用の馬を2〜3頭余計に連れていました。したがって元軍が1万人くらいの大軍で移動する場合は、3万頭の馬が一緒に移動していたのです。

これは陸上の遠征なら問題ありませんが、船で移動する場合はそういきません。兵士のほかに、兵士の3倍の数の馬とその飼料、それを乗せて運ぶとなると、兵士を運ぶ船の5、6倍もの船が必要になります。しかし、当時の木造船の技術では、3万頭もの馬を船に乗せて海を渡ってくることは不可能です。

つまり、騎兵の力で世界各国を征服した元軍も、四方を海に囲まれた日本では、最大の強みである騎兵を生かせなかったのです。これこそが、日本が元軍を退けることのできた最大の理由なのです。

その意味では、日本はこの当時、世界で最も安全な国の一つとも言えたのです。ただ、それは造船技術が発達していなかった中世の話です。近代になり、黒船という動く砲台が現れたことで、日本は逆に「世界で最も危険な国」になっていくのです。

竹崎季長の墓

『蒙古襲来絵詞』にも登場する馬上の武士、肥後の御家人・竹崎季長《たけざきすえなが》の墓。

TOPICS
8

鎌倉仏教と日本の宗教の特殊性

宗教は、それを「大衆化」する人物がいて、初めて世に広く普及する

親鸞は実在したのか

【浄土宗《じょうどしゅう》を開いた法然《ほうねん》、浄土真宗《じょうどしんしゅう》（一向宗）の親鸞《しんらん》、時宗の一遍《いっぺん》らは、念仏（南無阿弥陀仏《なむあみだぶつ》）を唱えればだれでも往生できるという、わかりやすい教義によって、広く武士や庶民の心をとらえた。】

これは鎌倉新仏教の出現をある教科書が記述したものです。一見正しく歴史を伝えているように見えるこの記述は、厳密に言えば間違いです。

まず、法然、親鸞、一遍が簡明な教えを説いたのは事実です。しかし、親鸞の教えなどは一時歴史上から埋もれてしまい、ほとんど消滅しそうになっています。そのため明治の初頭の学者たちが「親鸞は、本当にいたのか」という疑問を発しているほどです。

親鸞の教えは、実際は彼が生きている間に爆発的に広まったのではありません。それを世に広め

たのは、浄土真宗中興《ちゅうこう》の祖と呼ばれる蓮如《れんにょ》です。

トップリーダーには絶対的権威が必要

親鸞の教えが広まらなかったひとつの要因として、親鸞という人が、非常に純粋だったということがあります。

たとえば親鸞は、「阿弥陀如来《にょらい》の前では、皆、等しく平等である」と述べています。しかし教団を組織する上では、平等より、トップリーダーが絶対的な権威を持つほうが、うまくいくのです。その結果、親鸞の教えより、親鸞の弟子が始めた仏光寺派や高田派のほうが広く普及してしまいます。

その状況を逆転したのが蓮如でした。

蓮如はまず、自分は親鸞の「直系」であることを強調し、この「血筋」をセールスポイントにします。さらに彼は、「講《こう》」という組織も作りました。これは、人々が自由に語り合うことができる場で、自由にも

浄土真宗の開祖・親鸞聖人

親鸞は非常に純粋に浄土真宗の教えを説き、実行した。そのため平等を説く阿弥陀如来の前で絶対的権威を持つことができず、教団の組織化はうまくいかなかった。

のを言える場所がほとんどなかった封建社会において、多くの人々の支持を集めます。

また、蓮如は親鸞の教えをわかりやすくひらがなで書いたものを、講で発給しました。さらに、経をわかりやすく唱える「和讃」という宗教歌のようなものも作りました。

このように蓮如は布教、つまり教えを広めるということに関しては、天才的な人でした。そして蓮如以降、本願寺派と呼ばれる親鸞の系統は隆盛に向かっていき、本願寺が後に一向一揆を組織して、織田信長と最後の覇を争うまでになります。

宗教というのは、純粋であるが故に、なかなか大衆化されません。それを世の中に受け入れられるように、大衆化する工夫をした人がいて、初めて広く信仰を集めることができるのです。

蓮如が編み出した布教方法

蓮如は親鸞の直系であるという正統性をアピールし、自由にものが言える「講」を組織。教えをわかりやすく説いた「御文《おふみ》」や「和讃」という宗教歌のようなものを作るなど、信者を増やす工夫を凝らした。

コラム

もう一人の布教の天才

曹洞宗を建て直した天才

浄土真宗は蓮如によって広く大衆に浸透しましたが、同じようなことは曹洞宗《そうとう》にも言えます。

曹洞宗を開いた道元は、親鸞とは逆に、きわめて峻厳な人でした。第一に、彼は出家主義者です。人間は出家しなければ決して救われない、だから結婚が許されないのはもちろん、実家さえも捨てなければなりません。

このように道元の教えというのは非常に禁欲的なものだったため、実は道元もまた数人の弟子しか育てられず、その教えは一時、滅亡の危機に瀕していました。それを立て直したのが瑩山《けいざん》という人でした。

彼もまた布教の天才でした。たとえば、瑩山はお葬式や祈禱も行います。現世利益を一切求めず、あくまでもきちんと坐禅をして悟りの道を探るというのが道元の仏教です。しかも出家主義ですから、在家（一般の信者）に対して葬式を出したり、祈禱したりすることは一度もしていません。それを瑩山は認めたのです。大衆が求めているのなら認めようというのが彼のやり方でした。曹洞宗で尼僧を認めたのも彼です。

その瑩山が開いたお寺が能登国《のとのくに》の総持寺《そうじじ》です。現在、曹洞宗には総本山というものがありません。道元が開いた永平寺も、瑩山が開いた総持寺も、共に大本山なのです。

ちなみに道元の永平寺は、福井県吉田郡という現在でもあまり交通の便のよくない山の中にあります。それは、道元の師である天童如浄《てんどうにょじょう》という中国僧が、堕落しないように「権力には近づいてはいけない」、「寺は深山幽谷に建てよ」と言ったのを守ってのことです。

瑩山も最初は師に倣《なら》い、能登の鳳至郡に総持寺を建てています。ところが明治になり文明開化の世の中になったとき、総持寺は現在の場所である横浜の鶴見に移っているのです。横浜というのは、文明開化の最先端の土地です。そういう場所を選んで本山を移しているところが、瑩山の意向を反映しているともいえるでしょう。

TOPICS
9

太平記と南北朝
忠臣・楠木正成の意見に耳を貸さなかった後醍醐天皇の悲劇

後醍醐天皇最大の過ち

鎌倉幕府最後の執権《しっけん》となる北条高時が攻め滅ぼされ、鎌倉幕府は崩壊、その後、建武の新政を始めたのが後醍醐《ごだいご》天皇でした。

後醍醐天皇は、討幕計画が発覚して隠岐《おき》の島に流され、それでもなお復活して倒幕を成し遂げた、規格外れなスケールの天皇です。しかしその根本は、やはり「平安貴族」であり、「穢《けが》れ」を嫌う伝統的日本人だったのです。そんな後醍醐天皇ゆえに犯した大きな過《あやま》ちが、鎌倉幕府滅亡後に軍を不要なものとしたことです。

そのための司令官にふさわしい人材として、楠木《くすのき》正成《まさしげ》、新田義貞《にったよしさだ》、北畠顕家《きたばたけあきいえ》などの候補はいましたし、何よりも一度、征夷大将軍に任じた実の息子の護良《もりよし》親王もいたのです。

楠木正成像

赤坂・千早の戦いでは少数の兵で鎌倉幕府の大軍をさんざんに打ち負かし、建武の新政樹立に大きく貢献した楠木正成。しかし、反旗を翻した足利尊氏に対する献策は後醍醐天皇に受け入れられず、湊川（兵庫県）で最期まで足利側の大軍を食い止め、戦死する。

しかし後醍醐天皇は、神聖な国土を、武士のような殺生を職業とするものが支配することを許さないとする意識を強く持っていたのです。

正成の献策に耳を貸さなかった天皇

しかし、北条高時の遺児・時行《ときゆき》が中先代《なかせんだい》の乱を起こし、鎌倉を陥落させると、軍隊不要論などとは言っていられなくなります。朝廷は常備軍を持ちませんでしたが、武士という軍事力は日本中にいました。そしてそれを統括できるのは足利尊氏《たかうじ》しかいなかったのです。

結局、尊氏は北条時行を打ち破り、尊氏の下には建武の新政に不満を持つ武士たちが続々と集まり始めます。尊氏自身は、戦は強くても政治は凡庸《ぼんよう》でしたが、切れ者の弟・直義《ただよし》がおり、直義の支えで武士を掌握し、ついには後醍醐天皇に反旗を翻したのでした。

鎌倉から京に攻め上った尊氏軍でしたが、京での戦いに敗れ、一旦九州に敗走します。ここで後醍醐天皇の忠臣・楠木正成は、尊氏との和睦を天皇に建言したといいます。尊氏は敗走してもいずれ勢力を盛り返す。そこで、一度敗北を喫したという弱みに付け込んで和睦し、その後武士の統括を任せておけば、新政はうまくいくと考えたのです。

この将来を見通した正成の提案は、先の見えない天皇によってあっさり却下されます。案の定、足利尊氏は九州で勢力を盛り返し、再び都に攻め上ります。

この後醍醐天皇について詳しく書かれた『太平記』は、後醍醐天皇の「徳の無さ」を示唆しています。つまり「欠徳の天皇」の下では、楠木正成のように戦の権化といえるような傑物がいても、必ず滅びるということを暗示し、事実、結果はそうなりました。

その後朝廷は南北2つに分裂し、南北朝の時代を迎えるのです。

第96代天皇。島流しに遭ってもなお倒幕の気持ちを曲げない不屈の精神の持ち主だったが、その根本は「穢れ」を嫌い、武士や民衆の気持ちがわからない、昔ながらの貴族であった。

TOPICS 10

室町文化と義満暗殺の謎

金閣と銀閣の構造に見る、足利義満と義政の野望の大きさの違い

日本国王となった足利義満

室町幕府の名前は、3代将軍足利義満《よしみつ》が自らの邸宅を北小路室町に移し、幕府の政庁としたことに始まります。

この義満の大きな功績の一つは、南北朝の統一です。南朝は後醍醐天皇以来、その「穢れ」意識から幕府すなわち武力を持つ軍団を否定する立場にありました。しかし南朝勢力

武家の中で最も天皇家の血筋に肉薄したと言われる足利義満。

が全国的に衰えてくると、義満は南朝方と交渉を進め、持明院統《じみょういんとう》（北朝）と大覚寺統《だいかくじとう》（南朝）が交互に即位すること（両統迭立《てつりつ》）などの和平案を南朝の後亀山天皇に提示します。そして後亀山天皇が保持していた三種の神器を北朝の後小松天皇に接収させ、南朝が解消される形での南北朝合一を実現し、60年近くにわたる朝廷の分裂を終結させたのです。

この義満は1408年に亡くなりますが、その死亡原因については、暗殺説が流れています。それは義満が、武家の中で最も天皇の地位に肉薄した存在だったためとも言われています。

義満を暗殺した犯人は誰か

義満は征夷大将軍の地位は長男に譲りますが、そのまま実権を握り続け、太政大臣《だじょうだいじん》という公家の最高の地位を手に入れます。しかしその野望は、天皇家の血筋にまで及んでいたようです。義満が建てた金閣寺（鹿苑寺《ろくおんじ》金閣）の屋根には鳳凰《ほうおう》が乗っていますが、鳳凰の意味は、「聖天子が現れると世に出るという、想像上のめでたい鳥」（『広漢和辞典』大修館書店刊）とあります。聖天子とは、この世を新たに作り替える、聖なる皇帝のことです。この時代の天皇は後小松天皇でしたが、当時の義満の勢いを見れば、聖天子が後小松を指すはずはないことは明白です。また、義満は中国と独自に貿易を行い、「日本国王」の称号も得ています。

しかし天皇家には血筋があり、武家の義満がそれを継ぐためにはその血筋を継がなければなりません。そこで義満は、まず天皇の母が亡くなったとき、自分の妻を天皇の准母《じゅんぼ》（生母と同等の母）

にしました。そのため義満の次男は、天皇の准母の子であるので、親王として元服しました。ここで現職の天皇が亡くなれば、義満の次男が皇位を継ぎ、皇統《こうとう》が天皇家から、足利氏に移ることになる予定でした。

ところが、義満はここで急死します。ここまで準備を整え、マラソンでいえばトップを走り続けてゴール寸前で倒れたようなものです。証拠こそありませんが、このタイミングでの死は、「暗殺」と考えて不思議ではない部分があります。

義満の死に対し、朝廷側は、「鹿苑院太上天皇」の称号を贈

金閣寺

寺院というよりも政府機関のような構造を持つ。また、屋根の上の鳳凰は、義満が「聖なる皇帝」になるかのような意味を含んでいたと考えられる。

足利義満の庇護を受け、猿楽師である父・観阿弥と共に猿楽（現在の能）を大成した世阿弥。その芸術論『風姿花伝』（『花伝書』）は今日でも多くの人に影響を与えている。

りました。太上天皇とは、退位した天皇のことです。神話の昔より、後ろめたいことをした者は、その相手の魂を鎮めるために慰霊を行いますが、朝廷はこの尊称をもって義満の鎮魂《ちんこん》としたと思われます。

もし義満が暗殺されたとした場合、その犯人は誰だったのでしょうか？　昔のことで史料は何もないのですが、少なくとも暗殺可能な立場にいた一人に「世阿弥《ぜあみ》」がいます。

世阿弥は能楽の創始者として知られていますが、相当の美少年であり、それを見初めた義満から多大なる寵愛《ちょうあい》を受けていたと言われます。その寵愛ぶりは、当時最高の知識人だった二条良基《よしもと》（当時の内大臣・二条満基《みつもと》の祖父）を世阿弥の家庭教師に付けたことからもわかります。

ここで良基の影響を受けた世阿弥が満基の指示により義満暗殺を実行した可能性がないとは言えません。当時の考え方では、義満は極悪人であり、それを倒すことは正義なのですから。また、義満の死因は病死とされていますが、仮に毒殺であった場合、義満に毒を盛れるのは、義満に最も近づくことができた人間と考えられるのです。

いずれにしても、義満の天皇家簒奪計画が失敗に終わったことで、再び武士の力は増大していくことになります。

戦乱を制御できなくなった幕府

その後、室町幕府は、第6代将軍足利義教《よしのり》が政治目的を完遂し、幕府を不動のものとすべく、絶対的権力を握って立て直しますが、赤松満祐《みつすけ》によって暗殺されました。義教には幼い跡継ぎが2名（兄：千也茶丸＝後の義勝《よしかつ》、弟：三寅＝三春、後の義政）がいましたが、幕府は後継者を、管領《かんれい》細川持之《もちゆき》以下有力大名による宿老会議により、長男の千也茶丸に決定します。

当時、幕府の政治に不満を持つ一揆が各地で頻発します。守護大名の強大化に加え、一揆の頻発、さらには義教が押さえ込んできた寺社勢力の統制がくずれ、幕府の勢力も弱体化していきます。

幕府が立ち直るためには義満・義教のようなリーダーシップを発揮できればいいのですが、後を継いだ千也茶丸は、わずか9歳で元服し、7代将軍足利義勝となったものの、10歳の時に赤痢にかかり、死亡します。この後を継いだのは8歳の三寅（三春）＝足利義政です。ただし成長するまでは将軍の座は空位とされ、14歳でようやく将軍職に就きます。応

足利義政の正室。義政の乳母や側室を追放、その後はわが子を溺愛するあまり義政の後継人事に待ったをかけ、応仁の乱の原因を作る。

銀閣寺（慈照寺）

銀閣寺と足利義政

妻・日野富子とともに日本を戦国の世に導いてしまった足利義政だが、銀閣寺（慈照寺）の建設など、室町文化の発展に寄与するところもあった。

仁の乱が起きたのは、この義政の時代です。

義政は、もとより政治には関心がなく、それは義政が建てた銀閣寺を見ても明らかです。銀閣寺は、書院造《しょいんづくり》の集大成ともいう館で、正式には慈照寺《じしょうじ》といいます。義政の時代は寺ではなく、あくまでも東山山荘という館であり、寺になるのは義政の死後です。足利義満が建てた金閣（3階建て）と銀閣（2階建て）の違いは、金閣は3代将軍義満の政府機関であり、銀閣はあくまでもただの隠居所であったということでしょう。

その義政は、早々に将軍職を弟の義視《よしみ》に譲ろうと考えます。しかしタイミング悪く、それまで子に恵まれなかった妻の日野富子《ひのとみこ》が懐妊し、義尚《よしひさ》が生まれます。

この義尚と義視の間で将軍後継争いが起こると、富子が頼む山名宗全派と、義視を後見する細川勝元派に各守護大名が分裂。１４６７年、山名派と細川派が衝突し、戦国時代の幕開けとなる応仁の乱が始まるのです。

応仁の乱がなぜ「大乱」になったのかというと、諸大名がそれぞれ東軍、西軍に加担したからです。つまり大名の力が強大になりすぎたということです。なにしろ足利将軍家では、将軍が2人（6代義教、13代義輝）暗殺されていますが、義教を暗殺した赤松家に至っては、その後御家再興《おいえさいこう》を果たしているのです。こんなことは、江戸時代ではありえないことです。

こうして幕府の統制が効かないまま、時代は戦国時代へと突入していくのでした。

第二章

近世編

つなげてみれば歴史が見える
33のTOPICS
#11~20

TOPICS
11

戦国時代はどのようにして起こったのか

室町時代の中で「戦国時代」と呼ぶ特殊な時代は、将軍権力失墜の象徴だった

室町幕府の失政が乱の元凶

室町時代の日本が戦国時代に突入する契機《けいき》となったのは、応仁の乱です。1467年に始まった応仁の乱です。これは、将軍の後継者争いに、有力大名が東西それぞれに加担したことで起こりました。その結果、将軍の権威が完全に失墜するという皮肉な結果になったのですが、大

文正2（1467）年、上御霊神社の森（現・京都市上京区）の合戦から応仁の乱は始まったと言われる。

本の原因は、室町幕府の失政と言えます。

もともと室町幕府は、鎌倉幕府がさまざまな矛盾の中で瓦解《がかい》した後に、足利尊氏が将軍職に就くことによって成立した幕府です。

しかし足利家は、多くの源氏一門の中の一つに過ぎず、他の守護大名と家柄に格段の差があるわけではありません。そのため、守護大名たちは、本来なら足利氏と同格だという意識が強かったのです。

つまり、室町幕府は、もともと大名たちの将軍への臣従意識が低かったのです。

足利幕府と徳川幕府の違い

一方、同じように同僚を抜いてトップに立ちながら、立派に将軍職を維持した幕府もあるのです。それが江戸幕府です。

徳川家康が江戸幕府を開いたとき、島津《しまづ》、毛利《もうり》、伊達《だて》といったいわゆる外様大名たちは、うまくすれば家康より自分のほうが主人になったかもしれない、という思いを持っていました。

つまり、室町幕府と江戸幕府は、基本的な構造が似ているのです。にもかかわらず、徳川幕府は見事に大名を統制し、一方の室町幕府は失政によって応仁の乱を引き起こしてしまったのです。

もっとも、室町幕府も6代将軍足利義教《よしのり》の時代までは、諸大名を統制しようと頑張っていたのですが、彼が暗殺されたことによって、8代将軍足利義政の時代に、将軍家の後継者争いが起きてしまいます。これが応仁の乱です。

応仁の乱以降、将軍家の権威は失墜します。同時に将軍家の領土もさまざまな大名に掠《かす》め取られ、足利将軍家は力をなくしてゆくのです。

戦国時代は、室町時代の末期に含まれます。この時代の室町幕府は、将軍はいるが、直属の家来も軍団もほとんどいない、さらに将軍は領地すら持っていないという状態です。領地があれば人を養えますから、直属の軍団を持つことができます。そして軍団を持っていれば、発言権も増します。ところが当時は、これとはまったく逆の現象が起こっていました。

有名な西陣織の「西陣」とは、応仁の乱における西軍の陣地に由来した地名と言われている。

つまり戦国時代が始まった原因を一言で言うなら、足利将軍家が諸大名の統制に失敗したから、ということになるのです。

TOPICS

12 川中島の戦いが持つ意味とは

信玄と謙信の両雄には、農閑期しか戦に出られないという致命的事情があった

守護大名による領地の奪い合い

室町時代の末期を戦国時代と呼ぶのは室町幕府による大名の統制が有名無実となってしまったからです。

その原因の一つは、将軍が領地を失ってしまったことにあります。領地がないために人を養えず、直属の軍団も持てなかったのです。一方で守護大名たちは、領土の奪い合いを始めていました。戦国

戦国大名の勢力図（1560年頃）

川中島の戦い

1553年～1564年、甲斐国（現在の山梨県）の武田信玄（武田晴信）と越後国（現在の新潟県）の上杉謙信（長尾景虎）との間で、北信濃の支配権を巡り数度にわたって行われた戦い。両雄が相争ううちに、いち早く尾張の織田信長が天下への足掛かりをつかむ。

桶狭間の戦い

1560年、駿河（現在の静岡県）の戦国大名である今川義元・今川氏真《うじざね》親子に対し、尾張（現在の愛知県）の織田信長が少数の軍勢で本陣を強襲し、今川義元を討ち取って今川軍を退却させた。勝利した信長は天下統一への足掛かりをつかむ。

大名同士の領地争いとして有名なものに、信州・川中島の戦いがあります。越後《えちご》（新潟県）の上杉謙信と、甲斐《かい》（山梨県）の武田信玄が、両国の間の信濃《しなの》（長野県）で繰り広げた領土争いです。

たとえば江戸時代には、大名が領土拡張のための戦争をするというケースは、一度もありませんでした。このことからも、江戸幕府がいかに優れた大名統制力を持っていたかということがわかります。

謙信は本当に単騎で斬り込んだのか

ところで川中島の戦いは、信濃と越後の国境付近で足掛け12年にわたり5回の戦闘が行われました。その中で第4回目の戦い（１５６１年）に川中島で行われた戦いがもっとも有名で、そのため一連の戦いは「川中島の戦い」と呼ばれています。

この第4回目の戦いでは、上杉謙信が単騎で敵本陣に突っ込み、敵将・武田信玄に斬りつけたというエピソードがあります。しかし多くの人は、「総大将がそんな無謀なことをするはずがない」として、この話をフィクションと考えているようです。事実、桶狭間《おけはざま》の戦いでは、今川義元という総大将の首を挙げたことで、織田信長は勝利を収めているくらいですから、総大将が自らその命を危険に晒《さら》すはずはないというのです。

しかし逆に言えば、総大将だからこそ、戦に勝利しなければならない「責任」が伴います。ましてやこのときは、上杉軍が圧倒的に有利に戦闘を進めていましたが、時間がたてば武田の援軍が戻

上杉謙信と武田信玄の一騎打ち

川中島の戦いで、上杉謙信は早期に勝負を決するために、単騎、武田信玄の本陣を突き、信玄の首を狙う。創作ともいわれるこの激闘だが、事実の可能性もある。

ってくるという状況でした。早期に勝負を決しなければならない中で謙信が信玄の姿を戦場で目撃したら、その機を逃さず、単騎突っ込んでいったとしても不思議はありません。

ましてや謙信は毘沙門天《びしゃもんてん》の熱心な信者で、自分は毘沙門天に守られた不死身の存在と考えているところがあったようです。さらに謙信には妻子がおらず、身を賭《と》してでも悪の信玄を討とうという「正義感」に満ちた考えをする人物であったとも言われています。

このように、謙信という人物の性格を一つひとつ分析してみると、総大将の単騎斬り込みというエピソードも、あながち否定できないのです。

TOPICS

13 農民の専門兵士化

武田・上杉より信長が天下取りに一歩先んじた理由は、兵士の傭兵化にあった

農閑期に行われた川中島の戦い

武田信玄の軍隊が1万人いるとします。その中に武士、つまり専門職の軍人は何人いるでしょうか。

おそらく10分の1の1000人もいないでしょう。残りの9割は農民兵です。普段百姓をしている人たちを、戦時には足軽という兵士にして軍団を組織していたのです。

百姓主体の軍隊を持った信玄と謙信

越後の上杉、甲斐の武田といった、農村をベースとする国では、軍隊も農民が主体であり、そのために農閑期以外の戦や、長期の遠征などには不向きであった。

なぜなら、当時唯一の基幹産業である農業には、多くの人手が必要とされたからです。しかも昔の農業は機械化も省力化もされていません。すべて手作業ですから重労働で、働き盛りの成年男子が多数いなければ、農業生産を確保できなかったのです。そのため、実は昔は、農業が暇な農閑期にしか戦争はできませんでした。当時の戦争は「出稼ぎ戦争」だったのです。

「出稼ぎ戦争」の典型的な例が、信州・川中島の戦いです。川中島の戦いは、5回にわたって行われていますが、いずれも刈り入れの後に行われています。

しかも一方の上杉謙信の本拠地は

職業軍人で軍隊を構成した信長

一方の織田信長は、農民主体の軍隊の限界に早くから気づき、専門の職業軍人で軍隊を組織した。それが信長を大きく天下取りの舞台へと前進させた。

越後という雪国ですから、雪が降り始めたらすぐに戻らないと国に帰れなくなってしまいます。つまり、川中島の戦いは、刈り入れが終わってから初雪が降るまでの極めて限定的な期間しか戦えず、それゆえ最後まで決着がつかなかったのです。

上洛しても常駐できない訳

もし農民兵であることが問題なら、専門兵士を作ればよいのですが、成人男子を専門兵士にしてしまったら、国内の農産物の生産ができなくなってしまいます。

ところが織田信長という人は、専門兵士の育成を見事にやってのけたのです。信長は農業以外の産業、たとえば商業や国内交易を盛んにすることで銭を稼ぎ、その銭で兵士を雇いました。簡単に言うと、徴兵制から傭兵《ようへい》制へシステムの変換を行ったのです。

傭兵の利点は、兼業兵士ではないので一年中いつでも戦えることですが、それ以外に農業をやっていないので、いつでも移転できるという長所があります。たとえば武田信玄の軍の大半は、本国である甲州の百姓ですから、もし戦いに勝ち領土が広がっても、中核部隊は甲州を離れることができません。仮に京都まで遠征しても、農繁期になったら兵を本国に戻さなければいけません。

単に上洛するということであれば、実は上杉謙信のほうが織田信長より数年も前に上洛しています。しかし謙信は、上洛はできても常駐はできませんでした。常駐するためには、どうしても専門兵士を作ることが必要だったのです。

TOPICS
14

武装する宗教勢力

さまざまな経済的利権を握る寺社勢力を抑えるべく、信長が行った対策とは

油から「夜の消費社会」が生まれる

現在の日本のように、警察機構がない社会では、人は自分の身を守るために武器を持ち武装します。戦国時代もそうでした。この時代は、武士だけではなく、農民や商人、さらには寺社などの宗教勢力も武器を持っていました。

そこで起こる問題の一つに「物価高」がありました。治安が悪化し、人々が武装すると、なぜ物価が上がるのでしょうか。

わかりやすい商品として「油」です。室町時代には、照明用の油が中国から入ってきました。そこでもたらされた大きな変化は、「夜の消費社会」の出現です。最初にできたのは、おそらく遊郭《ゆうかく》でしょう。人間（特に男性）は、非常に性欲が強い生き物です。その性欲のはけ口として遊郭

精油の技術は留学僧によってもたらされたため、寺社が握っていた。その技術と製造・販売権を商人に与えた。

油の普及で夜の町が明るくなると、男たちの欲望を満たす遊郭が栄える。そこに食事やさまざまなサービスを提供する人が集まり、消費社会が形成される。

が作られたわけですが、油の普及によって「夜の遊び場」が賑《にぎ》わいます。

遊郭が賑わえば、そこに食事を届けたり、さまざまなサービスを提供したりする人々が集まるようになり、自然とそこに消費社会が生まれるのです。

寺社は先端技術の集積場

当時の油は、荏胡麻《えごま》という植物から作られていました。荏胡麻を栽培し、その種を搾って作る油ですから、基本的に誰でも作ることができます。しかし、実際には油を作るにはライセンス（許可状）が必要でした。ライセンスの許認可権《きょにんかけん》を持っているのは国家です。ところが室町幕府は、末期になると事実上すでに崩壊しています。

そのような背景から、物を作るライセンス

は、最初にそういうものを大々的に作った場所が所有していました。それが日本の場合、ほとんどが「寺社」だったのです。

油を作る技術は、日本人が独自に発明したものではなく、大陸から渡ってきたものだと考えられます。その技術を伝えたのは、中国大陸に留学した「僧侶」です。

古代より中国に留学した僧は、お寺の造り方や蒔絵《まきえ》の作り方など、先端技術を持ち帰ってきました。油の作り方も、こうした留学僧の一人が持ち帰ったものだったのでしょう。そのため寺社には最先端の技術が集積します。

ところが寺社は、技術はあっても、それを大量生産したり、販売したりすることはできません。そこで目端の利く商人が、生産と販売の部分を自分で行う許可を願い出たのです。商人はそれでお金を儲けるわけですから、寺社は認可する代わりにライセンス料や上納金、つまり使用料を要求します。

寺に納める金額が増えれば、商人は利益を出すために、その分を商品価格に上乗せします。すると、商品価格はさらに上がっていきます。

大きな寺社は僧兵を持ち、経済的利権を握る一方で、それを守るための武装もしていた。

このような構造を打ち壊すため、仮に良心的な商人がライセンスを無視し、自ら荏胡麻を栽培し市場に安く供給したらどうなるでしょう。

当時、油を売っていた特権商人たちはカルテルを結び、今で言う暴力団のような浪人たちを雇っていました。商売の抜け駆けをすれば、すぐに浪人どもを差し向けられ、制裁が加えられてしまいます。

その圧力を跳ね返しても、今度はその上部団体である寺社勢力が持つ強力な武装集団に潰《つぶ》されてしまうか、あるいは殺されてしまうでしょう。

関所は作り放題、「関銭」は巻き上げ放題

仮に良心的な商人が武力を持ち、特権商人や寺社の圧力に打ち勝って、質の良い油を作ったとしましょう。次の問題は、それをどうやって市場まで運ぶかということです。

昔は重い荷物を運ぶ場合は船を用いました。しかし船に乗せるまでは、海や川の船着場まで街道を通って運ばなければなりません。

関所を運営するのは、幕府や大名ですが、室町時代には政府は機能していません。そのため、街

軍隊を持った寺社

当時の寺社は経済的利権を握っていただけでなく、強力な軍隊(僧兵)を保有していたため、その権限を容易に剝奪できなかった(写真は金剛峯寺)。

道にも、海や川にも、通行料を取るための関所が勝手に作られました。
大坂の淀川《よどがわ》には最盛期に300もの関所があったそうです。こうした陸海の関所を最も多く持っているのも、実は寺社なのです。

さらに寺社は、最終的に商品を売りさばく「市場《しじょう》」も独占していました。

実は寺社は、酒屋や土倉（質屋）などを経営し、今で言う「金貸し」のようなこともやっていました。つまり寺社というのは影の大経済団体、今で言う経団連のような存在だったのです。寺社は市場も握り、商売する人には、今で言うテナント料のようなものを要求しました。そのため、その分のコストが値段に上乗せされ、消費者側から見れば、商品の値段が高くなるわけです。

「奈良法師」と呼ばれる多数の僧兵を擁した興福寺。

寺社の特権を剥奪した信長の「楽市・楽座」

この状態がどんどん進んでいくと、物価はますます上がり、一部の特権商人と寺社だけが栄えるという状態になっていきます。ではどうしたら寺社の権限を剥奪できるでしょうか。

まず一つには、許認可権を無視し、寺社に使用料を一銭も払わないことです。当然、特権商人同士のカルテルも無視します。ただし、これをやるためには武力の裏づけが必要です。

二つ目の輸送の問題では、いちいち物を動かすたびに銭を取られたのではかなわないので、関所をなくします。

そして三つ目に、市場は、誰でもテナント料なしで商売できるようにします。つまりフリーマーケットにするということです。

これらのことを一言で言うと、「楽市・楽座」と「関所の撤廃」となります。まさに織田信長の領土で行われた政策であり、そのために物価が下がったのです（詳しくは94ページ参照）。それまで寺社によって取られていた中間搾取分が、きれいさっぱりなくなるのですから、庶民は大喝采《かっさい》です。

さらに、寺社の権限を剝奪した信長は、かなり厳しい対抗策もとっています。

比叡山を焼き討ちし、一向一揆の大弾圧も行い、特に後者では虐殺と言ってもいいほど多くの人を殺しています。

しかし、このようなことをしたからといって、信長は無神論者で宗教が嫌いだったかというと大きな間違いです。

手段の是非はともかく、信長が目指していたのは「寺社勢力の武装解除」でした。武器を捨てろと言う以上、何かあったときには俺たちの力で守ってやる、ということも彼は言っています。つまり、信長の保護下に入れということです。彼の言う「天下布武《ふぶ》」とは本来そういう意味なのです。

TOPICS 15

天下布武と信長の変革

信長、秀吉、家康の中で、唯一信長だけが持ち合わせた天下人の先駆者としての資質

世界の英雄にも匹敵信長の改革

織田信長は、後に天下人となる豊臣秀吉や徳川家康に、その後の「天下」に対する先鞭《せんべん》をつけた、いわゆるパイオニア的な存在でした。

たとえば、初めて美濃国《みののくに》を征服し、斉藤氏の稲葉山城を奪い取った際、信長は城や町の名前を「岐阜」と改めています。それまで、地名は「言葉の化石」といわれるほど、滅多に変わらないものでした。ところが、世界を見回してみれば、アレクサンドロス大王が「アレクサンドリア」を、コンスタンティヌス大帝が「コンスタンティノポリス」を命名したように、都市の名を改める英雄は数知れず存在しました。信長は、彼らと同様のことを行ったのです。これをきっかけに、信長の一番の家臣であった秀吉は、自分が初めて拝領した近江国の領地「今浜」を「長浜」に、加藤清正も「隈

本」を「熊本」に、蒲生氏郷《がもううじさと》も「黒川」を「会津」に改めています。鎌倉幕府を開いた源頼朝ですら、「鎌倉」という地名を尊重して変えようとしなかったことを考えると、信長の「改革」は、その後のスタンダードを切り拓《ひら》いたといっても過言ではないほどの偉業だったのです。

天下統一の条件は信長だけが

天下を統一するためには条件があります。それは「天下人（天下統一を達成する者）となるためには、まず天下統一を行うという強い意志があり、その意志のもとに具体的な行動を起こすこと」です。

当たり前のように思われるかもしれませんが、実は、この時代にこの条件を満たすことができたのは、信長ただひとりでした。

長篠の戦い

鉄砲の威力を最大限発揮した織田信長が、当時最強と言われた武田の騎馬軍団を撃破。
鉄砲は必ずしも弾を敵に当てなくても、その轟音で騎馬隊の馬を驚かすだけで十分だった。

信長以降に後継者として出現した豊臣秀吉も、徳川家康も信長あってのことであって、厳密に言えば、彼らは信長の追随者《ついずい》、あるいは模倣《もほう》者と言ってもいいかもしれません。

天下の覇者となるべく信長に対抗したといわれている武田信玄も条件を満たしてはいません。彼は、信長の動きを見てはじめて天下を見据えた動きをした、いわば信長の「後輩」に当たる人物なのです。

信長の実行した、さまざまな政策に比べれば、信玄のそれは妥協的かつ保守的で、守旧派の最たるものと言っていいでしょう。「新しい」ことがすべて善というわけではありません。ただ、「古い」ことを刷新しなければならない局面というのが歴史には必ずあり、その点で信玄は明らかに信長に見劣りしたということなのです。信玄亡き後、信長は長篠《ながしの》の戦いで、武田家を完膚なきまで叩《たた》き潰《つぶ》し、「格」の違いを見せつけています。

将軍という「権威」は道具にすぎなかった

信長の天下人としてのスタートは、足利義昭《よしあき》を次代将軍とすべく彼を伴って上洛したことでした。

そして将軍に就任することができた義昭は、信長のことを「幕府再興の恩人」と考えており、周囲も信長を「将軍の忠臣」と見ていました。義昭が信長に「副将軍」という地位を任命しようとしたことからも、ふたりが蜜月だったことがわかります。

ところがその後、信長は「殿中御掟《でんちゅうおんおきて》」という定書を義昭に突き付け、将軍の権威を有名無実化していきます。これは、信長の決めたことに将軍が反対してはいけないという内容でした。

信長には義昭にはない「軍事力」がありましたから、武力で義昭を有名無実化する、つまり滅ぼしてしまうことは可能でした。しかし、そうしてしまうと「逆賊」となり、当時の権威である将軍

馬防柵
長篠の戦いで、武田騎馬隊の猛攻を防ぐために織田・徳川連合軍が用意した馬防柵。

本能寺の変
1582年、中国攻めの羽柴秀吉の救援に向かう途中の織田信長に対して、家臣明智光秀が謀反を起こし、京都の本能寺に宿泊していた信長を襲撃した事変。寝込みを襲われて包囲された信長は自害して果てた。

に肩入れする諸大名が連合を組んで信長を滅ぼすかもしれません。それを防ぐために、副将軍の任官を断ったり、公文書である「殿中御掟」を発行したりして、義昭と一定の距離を保ちつつ、次第に世論の流れが自分になってくるよう、信長は準備していたのです。建前上で「古い」ことに固執するグループに対する気遣いを見せながら、「新しい」世界を次々に見せていくことで、世間の「信長の作り出す社会」に対する期待感を煽《あお》っていったのです。

　義昭はあくまで「武士の棟梁《とうりょう》」としての地位保全に躍起《やっき》になりましたが、信長の志は「すべての人

本能寺への道のり

信長の「天下布武」への道は着実に進行し、安土城の完成をもってピークを迎える。
だが、明智光秀の裏切りに遭い、本能寺の変を迎える。

が公平に、平和に暮らせる社会を築くこと」にありました。この志を前にすれば、「将軍への忠誠」などというものは、信長にとってごくごく小さいものでした。信長にとって将軍・義昭は、自分の理想とする社会づくりのための道具のひとつに過ぎなかったのです。

自らを権威にする最終的な「改革」

古い権威を嫌った信長でしたが、無視をするわけにはいきません。

そこで信長がしたことは、経済力に裏打ちされた武力を背景に実力者となり、既成の権威に取り込まれないよう細心の注意を払いながら、新しい権威を構築することでした。将軍という権威を否定した信長にとって、それに代わる権威は朝廷でした。

信長の勢威が見過ごせないほど大きくなってくると、朝廷は義昭と同じく、信長を取り込もうと、信長に「官位」という身分を与えることで自分たちのいいように操作しようと考えました。

信長はそれをのらりくらりとかわしながら、自分自身が権威になる道へと踏み込んでいきます。それは、あらゆる世俗権力、宗教勢力を超えた存在になること。すなわち、信長自身が「神」になることでした。このことから、やがて天下統一を果たした後、信長は天皇という権威を消し去ろうとしていたとも考えられます。

信長の天下統一がいよいよ近いと思われたとき、信長に不満を抱いていた部下の明智光秀《あけちみつひで》が起こしたのが「本能寺の変」です。あまりにも有名な事件で、実行犯・光秀に黒幕がいたとする論争がありますが、どれも確証はありません。独断専行型の信長に対し、典型的な反発心を抱いた光秀の発作的な単独犯行とするのが妥当といえるでしょう。

信長の行った経済政策や、寺社勢力に対する姿勢などは、信長の後に天下人となった豊臣秀吉や徳川家康によって引き継がれていきます。

この3人は明らかに同じ目標に向かって進んでいました。最終的にそれを完成させたのが家康であり、この3人の連続性があって初めて、江戸幕府という260年におよぶ平和国家が構築できたということは間違いありません。

織田信長

❖天下取りを考えた信長の革新性

戦国武将といわれて誰もが真っ先に思い浮かぶのは、織田信長、豊臣秀吉、徳川家康でしょう。彼らは「三英傑《えいけつ》」とも呼ばれています。

この中でも信長という人は、我々に強力なインパクトを与えてくれています。幼少期には奇抜なファッションをして「うつけもの」と呼ばれていた信長は、常識では考えられない発想と行動力で、誰もが成し得なかった「天下統一」という大事業に向かって邁進しました。

信長の魅力は、その革新性にあります。そもそも、当時「天下を取る」などと考えた人は誰もいませんでした。身分の壁というものがあるからです。あの武田信玄ですら、「信長がやるのなら、私も」となった後発組にすぎません。信長は、誰もが持つ「常識」に一切とらわれない、先駆的な発想にあふれた人でした。

また、信長は、天下統一後に日本をどうするかという具体的ビジョンも持っていました。

❖「比叡山焼き討ち」は宗教弾圧ではない

そうした「際立つ」人間には誤解がつきものです。信長にも多くの誤解があります。

たとえば、信長の行った「比叡山延暦寺の焼き討ち」にはどんなイメージがあるでしょうか。「無抵抗の僧侶たちを残忍にも焼き討ちにした」とか「宗教弾圧」などと思っている人も少なくありません。しかし、それは違います。

信長の時代の宗教者は、現代に跋扈している「過激派組織」とほとんど同じといえるぐらい、物騒な集団でした。

比叡山延暦寺は「僧兵」と呼ばれる武力集団を抱えていました。この集団は、当時の新興宗教であった法華宗を敵視し、京都にある二十一寺をすべて焼き払った上に信者を大虐殺しています。被害に遭った法華宗は、その少し前に山科本願寺を焼き討ちにしています。焼き討ちにされた本願寺は、その経験から世界最強といわれる城を大坂に築いています。

つまり、当時の僧侶は仏に仕える身でありながら、人を殺すことを何とも思わない集団だったのです。現在の宗教者とはまるで違うことがわかります。

彼らはその武力を背景に、政治にも積極的に干渉していました。「神様」や「仏」、そして「武力」で威圧してきた彼らに、当時の為政者は言われるがままといっていい状態でした。信長は、これが許せなかったのです。

現代の日本の宗教者に武装している団体はありません。それは、信長が武力集団を抱える宗教を徹底的に潰したから、ということがいえるのです。

ちなみに、これが宗教弾圧ではなかった証拠に、信長は「信仰の自由」は保証しています。長年、激戦を繰り広げた本願寺にも、比叡山にも「禁教令」のようなものを出していないことからも、それは明らかです。

❖「よそ者」を重用しない戦国時代の常識

このように、現代の常識だけで考えると、信長の成した事業は「残酷だ」などと批判の対象になりがちですが、よく見てみると、必ずしもそうではないことがわかります。逆に「そんな

京都府・本能寺にある信長の墓

ことは当たり前ではないか」とされることの中にも、信長の革新性を物語るものがあります。

信長は、部下の評価に「能力主義」を用いていました。戦国時代は「いかに人をたくさん斬ったか」の世界ですから、実力本位の人材登用は当たり前だと思われるかもしれません。しかし、当時の常識はそうではありませんでした。

越前の朝倉家には「世襲の重臣を置いてはならない」という決まりがありましたが、それが実行されたフシはありません。一時、朝倉家に仕えた明智光秀は能力があったにもかかわらず、幹部になれませんでした。それはなぜかというと、彼が「よそ者」だったからです。「よそ者」は信用できないのです。ですから、当時は同郷の者で幹部を固めるのが常識でした。

❖信長躍進の原動力は能力主義

そうした常識を打ち破ったのも信長です。信長は光秀も、秀吉も、一つ能力を認めたら「よそ者」でもどんどん出世させました。つまり、朝倉家など、他家が同郷の者で結成した「県人会」なのに対し、信長の軍団は「多国籍軍」だったのです。信長の常識にとらわれない発想がいかんなく発揮されるのがどちらかは、この時点ではっきりしています。

皮肉なのは、信長が「よそ者」の裏切りに遭って倒れるという最期を迎えたことでしたが、前人未到の「天下統一」をほぼ成し遂げることができたのは、信長の革新性にあったことに変わりはありません。

TOPICS
16

信長の「楽市・楽座」と秀吉の「刀狩り」の意味

武士以外の勢力の無力化は、信長・秀吉による武士の統制の復活宣言だった

将軍に対する臣従意識の低さ

いわゆる「戦国時代」は応仁の乱をきっかけに始まりました。応仁の乱とは、室町幕府の将軍の後継者争いに、東西の有力大名が加担した戦いです。なぜ武家の棟梁たる将軍の後継者争いに、その家来である武士が介入することになったのでしょうか。

かつて源頼朝が開幕した鎌倉幕府は、武士が開いた初めての武家政権でした。この政権では将軍を頂点として、将軍直轄の部下が、しっかりと武士を統制していました。

第一条 百姓が刀や脇差、弓、槍、鉄砲などの武器を持つことを固く禁じる（略）。
第二条 取り上げた武器は、今つくっている方広寺の大仏の釘や、鎹《かすがい》にする。そうすれば、百姓はあの世まで救われる。
第三条 百姓は農具だけを持って耕作に励めば、子孫代々まで無事に暮せる（略）。

刀狩令の高札

刀狩令の高札に書かれた内容は、百姓に刀や鉄砲などの武器を持つことを禁じ、それを取り上げて方広寺の大仏の釘《くぎ》などに使用する、そうすれば百姓はあの世まで救われるというものだった。

刀狩令

刀狩令は農民から武器を剝奪した政策と考えられがちだが、実際は武士以外の勢力に対する武器の所有禁止であり、その対象には寺社勢力なども含まれていた。

その鎌倉幕府を滅ぼし、室町幕府を興したのが足利尊氏です。実は、尊氏はそのほかの武士と、家柄において何ら差がある人ではありませんでした。そのため、諸大名には、将軍・尊氏に対して「自分たちと同格である」という気持ちが常にありました。

つまり、鎌倉幕府と違って、室町幕府の体制下は、将軍に対する大名たちの臣従《しんじゅう》意識が低かったのです。

武士以外の職業の武装解除

大名の思惑で将軍の後継者が左右された「応仁の乱」により、幕府の権威は失墜し、治安が悪化しました。それが「戦国時代」です。人々は、自衛のために武器を持つようになりました。

そんな中、庶民が物を作り、売るという行為を許認可する権力を握っていたのが寺社でした。もしそれに反して勝手に物を売ろうとする者が現れると、寺社は徹底的に武力で潰しました。商人はやむなく売上からテナント料などを支払うことで商売をしていたのです。寺社は、商人に要求するお金を自由に設定できたので物価が上がり、庶民が苦しむこととなっていました。

それを断ち切ったのが、信長の「楽市・楽座」です。信長は、寺社の許認可なく商人が自由に商売できるようにしたのです。寺社によって中間搾取《さくしゅ》されていた分がなくなり、庶民の暮らしが安定するようになった一方、利権を奪われた寺社は怒り狂い、信長を「仏敵」として敵対することとなりました。信長がしたのは、宗教弾圧ではなく、庶民を苦しませていた利権の一掃であり、さらにいえば、寺社が強権を振るう基礎となっていた、武装の解除でした。

この延長線上にあるのが、秀吉の「刀狩り」です。戦うことを職業とした武士以外の人々の武装を解除させることが「刀狩り」の目的でした。

そこには、失墜した幕府に代わり、武士が世の中の治安を守る。そのために武士以外の人々が武器を持つ必要はない、という信長・秀吉からのメッセージがあったのです。

TOPICS
17

秀吉の天下統一戦略

逆境を武器にのし上がっていった秀吉は天下を取り、さらに海外を目指した

秀吉にまつわるさまざまなうわさ

豊臣秀吉といえば信長、家康と並ぶ歴史上の有名人ですが、実は、歴史教科書などでは語られていない部分もあります。たとえば、秀吉には手の指が6本あったということ。これは差別を助長しないようにという考えから伏されているのか

もしれませんが、複数の史料に記されている事実にあえて触れないほうが差別的な考えではないでしょうか。

また、羽柴という苗字は、『太閤記』などで語られているような、織田家の重臣・柴田《しばた》勝家《かついえ》と丹羽《にわ》長秀《ながひで》の苗字を合わせたものではなく「端柴《はしば》」、つまり取るに足らない存在である自分をアピールした秀吉独特の処世術ではないかと私は考えます。つまり、百姓の出身、サルのような容姿といった自分のウィークポイントもすべて利用して、織田家臣団の中で敵を作ることもなく出世していった秀吉の苦労のほどが窺《うかが》えます。

そして「本能寺の変」により、秀吉に天下を取る千載一遇《せんざいいちぐう》のチャンスが生まれます。

実は絶望的だった秀吉の天下取り

明智光秀によって織田信長が自刃に追い込まれた「本能寺の変」が勃発した当時のことを考えると、豊臣秀吉が次の天下人となるには絶望的な状況だったと考えざるを得ない障害が二つありました。

ひとつは、当時、秀吉が中国攻めの総大将として備中《びっちゅう》高松城で毛利軍と対峙していたことです。戦況は圧倒的に秀吉が優位でしたが、信長横死の知らせが毛利軍の耳に入ってしまったら、形勢逆転の恐れが十分にあったのです。しかし、秀吉は幸運にも光秀からの使者を捕縛《ほばく》し、敵に悟られることなく講和を進め、主君の敵討ちに邁進することができました。

もうひとつの障害は、秀吉が織田家の血縁になく、信長から「後継者」に指名されているわけでもないという事実です。健在する信長の次男の信雄《のぶかつ》か、三男の信孝が織田家の後継となるのは当たり前の話だからです。

そこで秀吉は信長の嫡孫《ちゃくそん》に当たる三法師《さんぽうし》を擁立することで、自身の正当性を主張し、織田家中のイニシアティブを握ることに成功しています。

忠臣から天下人へ織田家一掃の謀略

主君の敵討ちを果たし、三法師の後見人となったことで、織田家中での存在感を飛躍的に増した秀吉でしたが、それを正しくないと考えた人物が、織田家家臣団のリーダー的存在だった柴田勝家です。秀吉は、勝家が越前に戻ると、信長の葬儀を勝家抜きで勝手に執り行うなど、雪深い領土から容易に出てこれない勝家を挑発していました。

この誘いに乗った勝家は、賤ヶ岳《しずがだけ》の戦いで秀吉と激突。秀吉はこの戦いに勝利し、「織田家の忠臣」のふりをしながら、織田家の重臣であった勝家ばかりでなく、信長の後継として有力株だった三男の信孝をも自刃に追い込み、ポスト信長の座を脅かす者を次々に一掃。一気に天下人へと駆け上がっていったのです。

最後の障害徳川家康との対決

天下取りの野心を明らかにした秀吉の前に立ちはだかったのが、信長の「盟友」徳川家康でした。

家康は信雄の支援という大義名分を得て、秀吉と小牧・長久手の戦いで対峙することとなったのです。

この戦いで、合戦では力量が上の家康に勝つことはできないと断念した秀吉は、信雄と単独講和を結ぶことで戦いを終わらせることを思いついたのです。誰もが思いもよらなかった奇策でした。秀吉が「人たらし」と呼ばれる由縁でもあります。

秀吉を打倒するという大義名分を失った家康は、本心はどうあれ、「このたびの講和、天下のために誠にめでたい」と信雄と秀吉にメッセージを送って戦場から去りました。これは、家康が信雄と秀吉の講和を追認したことで、秀吉側にも家康を攻める口実が失われることにもなります。

家康を滅ぼし、その余勢をかって信雄も追放して天下人となるのが秀吉の当初の狙いであったと考えられます。ところが、それに失敗したとわかると、秀吉はすぐに方針を転換します。今度は反対勢力を次々に滅ぼすことと、朝廷を利用して官位の昇進を果たすこととで、天下人としての既成事実を積み上げていくことにしたのです。

公家に接近した秀吉は、狙い通りに次々と高い官職を得て、ついには関白という座に就くことに成功します。形式的には武家の頂点である征夷大将軍ですら朝廷の臣に過ぎず、その序列の中でいえば、最高の地位となるのが関白です。武士であれば誰も逆らえません。この権威を利用した上に、自身の妹や母を差し出すことで、なかなか臣従しようとしない、天下人への最後の障害であった家康の心を動かし、家臣につけました。秀吉が天下を手に入れた最後の策は、武力によるものではなく、策略だったのです。

平和志向の秀吉が朝鮮に攻め込んだ理由

名実ともに天下人となった秀吉の基本政策で思い浮かぶのは、「刀狩り」や「太閤検地」といったあたりが一般的です。しかし、実は秀吉の政策でもっとも重要なのは「惣無事令《そうぶじれい》」であるとする見解があります。惣無事令とは、争乱の原因は大名同士の領土争いであるとして、それを豊臣家の名のもとに禁じたものです。いわば、秀吉が紛争の調停役を買って出たということになります。

この視点に立てば、「刀狩り」や「太閤検地」も、秀吉による紛争調停の一環だったということができます。

ところが、そんな平和志向型の秀吉が、国内を統一した途端に「唐入り《からいり》（朝鮮出兵）」へと転じたことに、誰もが疑問を感じることでしょう。

後世では「唐入り」は、耄碌《もうろく》した老人となった秀吉の誇大妄想によるものだと断罪されることがあります。しかし、当時、秀吉の動員できる軍勢は30万におよびます。彼らは戦国時代を生き抜いた精鋭たちです。彼らが、自身のトップである秀吉のように、最下級の身分から軍功を立て、高い地位に上り詰めようと考えていても、まったく不思議ではありません。

結局、「唐入り」は失敗に終わりましたが、秀吉は国内が平和になっても、彼らにさらなる領地を与え、豊臣家そのものも大きくしたかったのだと考えることができます。

TOPICS 18

家康の政権固めの方法

血を流すより汗を流す仕事を武士に与え、家康は平和な国づくりに着手

戦う前に勝敗が決した天下分け目の戦い

秀吉亡き後に天下人となったのが徳川家康です。その趨勢《すうせい》を決定づけたのが、天下分け目の戦いといわれた関ヶ原の戦いでした。

この戦いは、豊臣家大老の家康と、その家康が天下を私物化していると糾弾していた石田三成との争いでした。

この合戦の最大の注目点は、これほどの規模の戦いが、わずか一日で決着がついてしまったというところにあります。その理由は、この戦いが合戦というよりは謀略戦《ぼうりゃくせん》で、実は戦う前から勝敗が決まっていたということが挙げられます。

家康は、秀吉の遺児である秀頼の許可なく大名同士の婚姻を進めたり、恩賞を与えたりしていました。これは三成でなくても豊臣家家臣であれば「不忠」と言いたくなるような専横な振る舞いば

かりです。ところが、家康は秀吉子飼いの武将である福島正則や家中で家康派と三成派に分かれていた毛利家などを言葉巧みに説得していました。その結果、豊臣連合軍となるはずの者たちをそっくり徳川軍へと招き入れていたのです。

この事前工作が戦場で功を奏し、大きな勢力であった毛利家は動くことができず、小早川という大軍勢を味方に引き入れることができました。こうして、関ヶ原の戦いはあっという間に雌雄が決したのです。

家康の施した「武士の雇用対策」

平和になるということは、合戦がなくなるということです。そうすると、これまで戦場で活躍していた武士たちは失業します。失業した武士たちを何とか生かそうと思って行ったのが、秀吉の朝鮮・中国への侵略でした。しかし、異国の地で泥沼のような戦いを経験した武士は、家康の時代には疲弊し、厭戦《えんせん》気分が広がっていました。つまり、武士の間で「戦うのはもうやめよう」というコンセンサスが生まれていたのです。これは槍働きで出世しようという血気盛んな武士が大勢いた秀吉の時代とは大きな違いです。そこに登場したのが、天下人・家康ということになります。

家康は、武士に戦いではなく、帳簿をつけたり、物産を管理したりという事務職を与えることにしました。血を流すのではなく、汗を流すというように、仕事内容を変更することで、武士の雇用対策を行ったのです。そうすることで、長年培ってきた戦闘技術を発揮できないことに対する不満を少しでも減らそうと考えたということができます。

家康の懸念を払拭した大坂の陣

家康の失業対策ですべてが解決したわけではもちろんありません。その後も職にあぶれた失業武士、いわゆる浪人が町中にあふれ返っていたのです。そんな中で行われた大坂の陣は、豊臣家殲滅《せんめつ》のための戦いであったことは明らかですが、もうひとつ、浪人の数を減らすということも、家康の頭の中にあったと考えられます。

石田三成

家康が天下を私物化している、ということを大義名分として家康との決戦に臨んだ石田三成だったが、家康の謀略戦の前にあえなく敗退する。

豊臣家は秀吉が蓄財した莫大《ばくだい》な金銀を背景に、いまだ天下に返り咲くことを狙っていました。いよいよ徳川家との激突が避けられない情勢になったとき、そんな豊臣家のもとに、戦争によって勝ち組に入ろうという野心を持った浪人が続々と集まってきました。これを潰せば、家康が頭を抱えていた複数の問題は一挙に解決することになるのです。

この頃になると、徳川幕府の治世は安定の兆しを見せていました。この期に及んでわざわざ豊臣家に味方しようという大名はほとんどいません。

豊臣家に対して忠実な家臣であった加藤清正、前田利家らがすでに亡くなっていたことも大きな要因でありました。

家康は、将軍家という権力を背景に、次々と豊臣家に無理難題を押しつけました。その結果、豊臣家は積もり積もった怒りを爆発させることになったのです。これによって勃発したのが大坂の陣でした。

このときに豊臣家に参戦した真田幸村は、かねてから打倒徳川を念願した武将でした。彼の勇猛《ゆうもう》果敢《かかん》な戦いによって、家康はあと一歩のところまで追い詰められる場面もありました。しかし、結果

三成に相対する豊臣恩顧の大名たちを言葉巧みに説得して味方に引き入れ、決戦を前に勝利を手中にしていた徳川家康。

大坂城
秀吉の天下統一の拠点として築城された大坂城は、大坂の陣で落城。戦後に幕府が再建した。つまり、いまの姿は秀吉時代の城ではない。

は数に優る徳川軍が勝利をおさめることとなりました。

家康はこの戦い以後、平和な国家の礎づくりに励むことが出来たのです。

天下に仇なす者を封殺する政治面と文化面の施策

家康の国家づくりは、政治面と文化面に大別することができます。それはいずれも、「平和を乱すものは何か」を徹底的に考えたものでした。

政治面では、内乱の可能性についてについて手を打っています。海外の勢力については、明（中国）も朝鮮も、日本に攻め込むような国力はないと踏んでいました。世界的な大帝国であるスペインやポルトガルも、わざわざユーラシア大陸の端から大軍勢を率いて攻めてくるなど、考えられませんでした。

そこで考慮すべきは国内事情だったのです。国内に戦争がなくなったとはいえ、武士が兵隊である以上、反乱分子が決起する方がはるかに可能性は高いと考えたのです。

そこで、関ヶ原の戦い以降、大勢力を保ちながら、徳川政権に対して不満があると考えられる長州の毛利家と薩摩の島津家への対策に、家康は腐心したのです。

彼らが東上してくると仮定し、その際の要所に、信頼のおける大藩を配置し、諸大名に大型船の建造も禁止するなど、警戒を怠りませんでした。

文化面については、主人に対して絶対の忠義を説く学問である朱子学を武士の必須科目として導入しました。朱子学は主君への忠義を重んじる哲学だからです。征夷大将軍の徳川家に逆らうことは「悪である」という思想統一を図ったのです。

このことは、徳川家の安泰を意味するばかりでなく、徳川政権の安定が、同時に国内の平和につながるということでもあったのです。

真田幸村

❖熾烈なサバイバル強国に囲まれた信濃国

真田幸村（信繁《のぶしげ》）の先祖は信濃国の国人でした。国人とは、今でいう「郡」や「村」程度の領地を支配する武士のことです。信濃は、北に上杉、東に北条、南に今川、西に織田と、周囲を強国に囲まれていました。信濃の国人たちは、虎視《こし》眈々《たんたん》と信濃を狙う彼らを相手に、少しの隙も見せられない状況だったのです。彼らは、あるときは外交交渉をもって相手と手を結び、あるときは戦って相手を駆逐しました。信濃の国人は、外交も戦争も巧みでなければ生き残れない過酷な環境にあったのです。

なかでも真田家の生き残り戦術はすさまじいの一言に尽きます。長らく武田家の家臣であっ

たかと思えば、武田家が滅びると、武田を滅ぼした織田信長に鞍替えします。それからわずか3カ月後、今度は信長が「本能寺の変」で倒れると、北条家に移っています。その後も上杉家に臣従しては、今後は秀吉の時代になるぞと見るや、すぐさま豊臣家家臣になっています。このとき、秀吉に人質に出されたのが幸村でした。

真田幸村の像。

❖真田家の先見の明の勝利

これだけ見ていると、節操のないように見えてしまいますが、裏を返していうと、それだけ家の生き残りに執念を燃やしていたと見ることもできます。

相次ぐ主家替えに「表裏比興《ひきょう》の者」と警戒された真田家でしたが、決してころころと主人を変えているだけで生き残っていたわけではありません。上田城に拠った真田家を攻めてきた徳川軍を見事、撃退する戦巧者の面も見せています。武田家亡き後、東の強者であった徳川軍に勝利した真田家の名は、天下広く知れ渡ったのです。

秀吉の配下となったことにより、徳川家も北条家も、真田家には容易に手が出せずにいた中、家康は秀吉に臣従し、北条家は秀吉によって滅ぼされました。真田家の先見の明の勝利だったといえるでしょう。

❖徳川軍を二度も蹴散らした真田家の戦巧者ぶり

やがて秀吉が亡くなると、家康と石田三成による戦いが勃発しました。関ヶ原の戦いです。

このとき、幸村の父である昌幸は、幸村の兄である信之を呼び寄せ、３人で話し合いをもっています。その議題は「どちらにつくか」。その結果、昌幸と幸村は三成側に、信之は家康側にと、家族で敵と味方に分かれることになりました。これは、どちらが勝っても真田家が生き残るように考えられた戦略だったといわれています。武田家時代からサバイバルに長《た》けた昌幸のことです。ありえない話ではありません。

こうして昌幸と幸村は、再び上田城で徳川軍と相まみえることになりました。今度は家康の後継者である秀忠が相手です。

幸村らは、わずか２６００の軍勢で、３万８０００もの大軍であった秀忠軍を相手に一歩も譲らず、秀忠を釘付けにしました。圧倒的に優位だったはずの秀忠は、とうとう関ヶ原の戦場に辿り着くことができませんでした。家康は、息子のふがいなさに激怒し、しばらく顔を合わせることがなかったといいます。

実は、秀忠の率いていた軍勢は、家康軍の主力でした。主力が不在のまま合戦に勝利する家

徳川秀忠の軍勢を釘付けにした真田軍の居城・上田城。

康の戦略も見事なものですが、天下分け目の戦いの主力部隊と堂々と渡り合ったのですから、幸村の戦術がいかに優れていたかがわかります。

関ヶ原の戦いは徳川軍の勝利に終わりました。三成側についた昌幸・幸村父子は、兄・信之が必死に家康に助命嘆願をしたことから、死罪を免れることができました。これも、真田家の生き残り戦術の勝利と考えていいかもしれません。父子は、九度山という辺境の地で蟄居となりました。

❖家康に死を覚悟させた猛将・真田幸村

それから14年後、再び時勢が動きます。家康が豊臣家殲滅《せんめつ》に動き出したのです。豊臣家から参戦の要請を受けた幸村は、亡くなった父の遺志を継ぎ、「打倒家康」の炎を再び燃やして、戦場に駆けつけたのです。

大坂の陣で、幸村はまたしても徳川軍に大打撃を与える戦いを見せます。怒濤の勢いで家康本陣に迫り、家康に死を覚悟させるほど詰め寄りました。しかし、圧倒的な兵力差を覆すことはできず、討ち死に。その勇猛な戦いぶりは、「日本一の兵（つわもの）」と敵方からも賞賛され、後の世まで語り継がれることとなったのです。

大坂冬の陣では、大坂城の外郭に出城（真田丸）を築き、徳川軍をさんざんに苦しめた。

コラム

猿飛佐助は実在したのか？

真田幸村が活躍した背景には、猿飛佐助や霧隠才蔵など、「真田十勇士」の働きがあったと言われる。

この真田十勇士、本当に存在したのだろうか？　その問いに対しては、世の「真田ファン」であっても、「真田十勇士は明治になって立川文庫が創作した人物像であって実在はしない」と答えるのではないだろうか。

では、たとえば猿飛佐助のモデルになったような人物が実在したかと言えばどうか。結論を先にいえば、「いなかったはずはない」、つまり、実在したのである。

真田昌幸や幸村の配下に、猿飛佐助のような忍者がいたという史料はない。したがって歴史学者の先生方は、史料に載ってないような人物のことは書けない。もちろん、教科書などにも、歴史上の人物として佐助や十勇士の話が載るはずはない。少々失礼な言い方かもしれないが、これだから歴史学者の先生方が書く「真田物語」は、面白くない。それは史料の有無にこだわるからだ。

「史料がない」ということと、「実際にそれが存在した」ということは、まったく別次元の問題だ。それを一緒にしてしまうから、歴史の真実を追究することに慎重なようで、実は歴史の真実から離れてしまうことになる。そこで、あくまでも仮定の話として、「猿飛佐助」という忍者が、昌幸や幸村の配下で諜報活動にあたっていたとする。その場合、昌幸が佐助に対し、「猿飛佐助殿　○○城の内部の様子を探ってまいれ　真田昌幸」などという書面を残すはずがない。これが諜報活動の常識である。つまり、真田忍者の活躍は、史料では絶対に証明できないのだ。

しかし一方、真田家の最大のライバルであった徳川家の諜報機関についてはどうだろうか？　こちらは、その機関のトップにいた服部半蔵の名が付いた「半蔵門」という象徴的な「史料」が残されているように、その諜報機関の活動は、隠しても隠しおおすことはできない。

徳川家に諜報機関が存在したのであれば、その徳川家と互角以上に戦った真田家にも諜報機関（それも極めて優秀な）が存在したということが、間接的に証明できるはずだ。

TOPICS 19

「徳川御三家」の位置づけ

江戸城（東京都千代田区）

薩摩・長州を最大の仮想敵国として、江戸までにこれだけの城防衛網を敷き、もし江戸城に到達したとしても、将軍のいる江戸城は最大級の堅牢さを誇る城郭となっていた。

小田原城（神奈川県小田原市）

小田原では老中、つまり譜代大名の名門が領主を務めていた。

大坂城（大阪府大阪市）

徳川幕府はここを直轄とし、大名でなく大坂城代という役職を江戸から派遣した。

名古屋城（愛知県名古屋市）

大坂城が破られ、御三家の一つ紀伊家の守る和歌山城が突破された場合の、東海道最初の要衝が名古屋城。ここも御三家の中の尾張家が守る。

姫路城（兵庫県姫路市）

徳川四天王（井伊、酒井、榊原、本多）のうち、本多と榊原を交代で置いた。ともに10万石程度の譜代大名だが、家康は姫路城の堅固な城郭があれば外様大名の反乱なども防ぎきれると考えた。

箱根の関（神奈川県箱根町）

関東の要衝が箱根の関所。名古屋城が突破された場合、そこから江戸の間には大井川があり、さらに箱根の関所で食い止める。

巧妙に配置された江戸城の防衛網

危機管理に長《た》けた家康は、尾張、紀伊、水戸に「御三家」を置いています。それぞれ家康が晩年にもうけた子どもたちが配置されましたが、これは将軍家の血統が途絶えた場合のスペアであるといわれていますが、他にも理由があります。

家康は徳川家の転覆を図るとすれば、それは薩摩の島津家と長州の毛利家であると考えていました。有事の際、彼らを抑えるために御三家を配置したのです。

もし薩長に同調した外様大名が江戸に攻め上ろうとしたとき、それを食い止める役割となるのが、大坂城と姫路城でした。この両城が落ちたときには、近隣の紀伊家が動きます。ここを突破されたら名古屋城の尾張家が、それも打ち破られたら、家康の隠居城であった駿府城が、その先には難攻不落の堅城である小田原城が待ち構えている、ということになります。

これだけの城を抜いてようやく江戸城に辿《たど》り着くわけですが、江戸城の背後には、水戸家がある、という何重にも防衛策が張られた布陣になっていたのです。

家康のリスクマネジメント

家康が警戒していたのは大名だけではありません。将来的には天皇家と争うことになるのではないか、ということも予測していました。

もし将軍家と天皇家が対峙《たいじ》するようなことになった場合、御三家のうち、尾張と紀伊には将軍家側として戦わせるが、水戸のみは、宗家のことは考えず天皇家の味方になるということを考えていたのです。そうすることで、いずれが勝ったとしても、将軍家の血統は保たれます。これは関ヶ原の戦いのときに、昌幸と幸村が三成側に、信之が徳川側について自家の血統を残した真田家と同じ方法です。

そのため、将軍継承者は、尾張藩か、紀伊藩から選出され、水戸は候補から除外されています。

また、尾張、紀伊には大納言という官職が与えられる一方、水戸は中納言で他の2藩に比べると格下でした。その代わり、水戸藩主には大名のなかでも唯一江戸に常駐することのできる「定府《じょうふ》の制」という特権が与えられていました。各藩は参勤交代の義務がありましたが、水戸藩主だけはずっと江戸に留まっていることができたのです。

江戸幕府には副将軍という役職はありませんが、水戸家が「天下の副将軍」と呼ばれているのは、このような特権が与えられていて、まさに副将軍のような役割を果たしていたからなのです。

TOPICS
20
「生類憐みの令」と江戸の改革
「生類憐みの令」は、戦国以来の日本人の意識を劇的に変える「平和法」だった

人々の意識を大転換させた劇薬的な法律

家康が開いた江戸幕府の最大の課題は「平和を確立すること」でした。これを成し遂げるために、戦がなくなり、失業した武士たちの不満を解消するため、家康は彼らにこれまでとは違う事務職を与えるなどして一旦の解決をみましたが、問題はもうひとつありました。それが、「意識の転換」です。

生類憐みの令は「天下の悪法」とも言われたが、当時の日本人の「平和」に対する考えを大きく変えることになった。

戦国時代は人を殺して出世する世界です。人をたくさん殺すことが、武士の評価につながっていたのです。対して、平和な世の中というのは、一切殺してはいけない世界。これまでのような、人を殺すという「常識」をひっくり返してしまわなければならなくなったのです。

そんな中、江戸幕府5代将軍・徳川綱吉によって発令されたのが「生類《しょうるい》憐《あわれ》みの令」でした。この法律は人どころか虫一匹殺しても、死刑や遠島になるなど厳しい罰で処されるというものです。

つまり「生類憐みの令」という法律は、秀吉が刀狩りによって武装解除してもなお、人々の意識に拭いがたく残っていた、人を殺すことが当たり前という意識を劇的に変える目的のものだったのです。

「忠臣蔵」は、綱吉政権批判だった?!

「人を斬るのが当たり前」から動物の命さえ重んじる世の中へのパラダイムシフトには、当然、副作用がありました。「忠臣蔵《ちゅうしんぐら》」として知られている赤穂《あこう》事件もそのひとつです。

「忠臣蔵」とは、人形浄瑠璃《じょうるり》「仮名手本《かなでほん》忠臣蔵」という赤穂事件を下敷きにしたフィクションです。モデルとなった「赤穂事件」とは、江戸城中（殿中）松の廊下で、勅使接待役の赤穂藩藩主・浅野内匠頭長矩《たくみのかみながのり》が高家筆頭・吉良上野介義央《こうずけのすけよしひさ》に斬りつけ、重傷を負わせたというもの。平和な世の中を目指す政権としては、あってはならない流血事件でした。

「忠臣蔵」では、いじめに耐えかねた浅野が吉良を斬りつけたことになっていますが、吉良が何か悪いことをしていたという証拠は見つかっていません。事件現場の証言では、浅野の行動は唐突で、一時的に精神が異常になって凶行を引き起こした可能性が高いのです。

そもそも「仮名手本忠臣蔵」の作者の並木宗輔《そうすけ》は、徳川幕府批判ともとれる作品で知られています。それを考慮すると、吉良役で描かれている人物は、綱吉に見立てると不思議に辻褄《つじつま》の合うところが多数提示されているのです。

作者の本当の狙いは、急激なパラダイムシフトを進めた綱吉政権への批判であった可能性が非常に高いといえます。

幕政改革を推し進めた徳川吉宗の手腕

江戸時代には一般的に三大改革と呼ばれているものがあります。享保の改革、寛政の改革、天保の改革です。

この「改革」という言葉は明治以降の呼び方で、江戸時代には「治」と呼んでいました。つまり、享保の治、寛政の治、天保の治となります。

「治」とは、儒教の教えを学んだ武士によって形成された幕府側の、経済を無視した幕政改革ということができます。本来であれば、生きた経済の実態をつかみ、海外貿易の自由化までを視野に入れた田沼意次《おきつぐ》の政治こそ「改革」と呼ぶのにふさわしいのです。「治」は日本全体から見れば、必ずしも評価できるものではありません。

ともあれ、他のふたつの改革のお手本にもなった享保の改革は、それまでにない画期的な幕政改革であったことは間違いありません。この改革を主導したのが8代将軍・徳川吉宗です。

吉宗は、御三家のひとつである紀

徳川吉宗と享保の改革

徳川吉宗は米公方と揶揄されるほど、新田開発など米を主体にした財政安定策を行うが、米の生産量増加は結果的に米価を暴落させ幕府の財政を圧迫した。
吉宗の政治で評価されるべきは、大岡忠相の抜擢であった。町奉行として吉宗の善政の部分を助けた忠相の功績として挙げられるのは、町火消しの設置や小石川養生所の設立・運営などである。
目安箱の設置は、「お上は絶対に正しい」という従来の常識を覆し、「将軍でも間違いを犯すことがある」ということを暗に認める、画期的な政策であった。吉宗が18世紀に行ったことが、たとえば21世紀の中国でもできていない。

州藩の5代藩主でした。7代将軍・家継《いえつぐ》が死去して将軍宗家の男子が途絶えたことで、御三家の中から選出されたというわけです。

就任して早々、吉宗は紀州藩の家来を数十人幕閣《ばっかく》に迎えました。その一方で、それまで幕府のなかで権勢を誇っていた間部詮房《あきふさ》と新井白石を排除しています。人事面において強権を発動しているかのようにも見えますが、紀州から連れてきた家来は「側近《そっきん》政治」にならぬよう最小限の人数でしたし、吉宗が排除した間部に重用されていた大岡忠相《ただすけ》を自らの側近にしています。

御三家の威光をかさに着て威張り散らしていた紀州の百姓を公正に裁いた大岡の手腕を吉宗は高く評価しており、有能であるばかりか硬骨漢としても着目していました。そのような理由から、派閥にこだわることなく大岡を抜擢したといわれています。これらは改革に必要な人事だったのです。

反対を押し切って設置した将軍と庶民とのホットライン

町火消しの設置や足高《たしだか》の制（能力本位の人材登用《とうよう》）など、吉宗の善政はさまざまに挙げられますが、中でも「徳川将軍家といえども誤りを犯すことはある」という基本姿勢のもとに設置された目安箱は画期的なものでした。

江戸幕府は、いわば一党独裁の権力機構です。幕府の力が衰えてきた幕末になってはじめて、列公（大名）会議を開き、外様大名も国政に参加してもらおうという流れになりましたが、それまで幕政を運営する老中は、徳川家家臣の大名からのみ選ばれていたのです。こうした権力体制下では、権力者に対する批判をことごとく押さえ込もうとする傾向にあります。

庶民が老中や将軍に向かって自国の大名が犯した不正を直接訴えることを直訴《じきそ》といいます。訴えの内容が正しければ、大名は罰せられますが、訴えを出した庶民は死刑となります。直訴とは、身分をわきまえずに批判するということであり、それ自体が罪であるということだったのです。その奥には「お上は絶対に誤りを犯さない」という考え方がありました。

そのような江戸時代の常識の中で、吉宗が出した施策のひとつが「目安箱《めやすばこ》」です。これは文字通り、庶民が持つ幕府に対する不平不満を投書できるものです。この目安箱の設置は「お上といえども誤りを犯すことはある」という発想に立脚しています。

将軍家の権威が傷つけられることを恐れた一部の家臣は、設置に猛反対しましたが、吉宗はそれを押し切って設置したのでした。直訴したら死罪という時代に、これは画期的な改革だったのです。
この目安箱は当初、江戸城の評定所前に置かれましたが、その後、大坂や京の奉行所、駿府や甲府の目付小屋にも設置され、投書するのに江戸まで赴かなくていいように配慮されたのでした。

コラム

江戸の三大改革はなぜ失敗したか

享保の改革

８代将軍徳川吉宗が主導。足高の制（各地位ごとに与えられる給与を定め、その地位についている間、元の禄高に足されて支給された）、公《く》事《じ》方《かた》御《お》定書《さだめがき》（寺社奉行、町奉行、勘定奉行を中心に編纂させた幕府の基本法典）、町奉行・大岡忠相による江戸の都市政策、目安箱の設置などを推進。米を主体にした財政安定策は逆に米価の暴落と武士の困窮を招き、米価の上下に四苦八苦した吉宗は「米公方」などと揶揄《やゆ》された。

寛政の改革

松平定信が老中在任期間中の１７８７年から１７９３年に主導して行った幕政改革。緊縮財政、風紀取締りによる幕府財政の安定化を目指すが、役人だけでなく庶民にまで倹約を強要したことや、極端な思想統制令により、経済・文化は停滞。財政の安定化においても、田沼意次の独占市場を解消しようとしたが、むしろ田沼時代の商工業を重視し増税を図った政策のほうが、財政健全化の効果は高かったともいえる。

天保の改革

水野忠邦によって天保年間の１８４１年から１８４３年に行われた、幕政や諸藩の改革。幕府は各所に綱紀粛正と奢侈《しゃし》禁止を命じ、江戸市中にも布告され、華美な祭礼や贅沢・奢侈はことごとく禁止された。また、問屋仲間の解散や店頭・小売価格の統制や公定賃金を定め、没落旗本や御家人向けの棄捐《きえん》（返済免除）令、貨幣改鋳を行う。これら一連の政策は流通経済を活性化させるどころかむしろ混乱を招き、不況を蔓延《まんえん》させた。

第三章

近代編

つなげてみれば歴史が見える
33のTOPICS
#21〜30

TOPIC 21

江戸幕府崩壊の基礎を築いた家康

家康が幕府安定のために導入した朱子学が、倒幕の中心思想になった

家康の導入した朱子学が幕府への不満を招いた

「黒船」の来航は、当時の人々を慌てさせた大事件でした。それは対応すべき側の幕府も同様です。幕府の対応は何とも拙いものでした。このままでは日本は外国に侵略されてしまう。なんとかして国を変えなければならない。幕府の情けない姿を見て、人々は思ったのです。

「幕府が日本を防衛できないのなら、日本の正統な王者である天皇を立てるしかない」

この発想のもととなるのは、家康が国学に導入した朱子学です。

朱子学では、まず天皇について尊びます。その天皇に政治を委任されたのが幕府なのだから、それに対して反逆するのは決して許されないとする理論を構築し、家康は幕府への反逆の芽を摘もうとしたのです。家康亡き後も、長い年月をかけて、この思想は浸透していきました。

しかし、この教育のおかげで幕府に逆らおうとする者がいなくなった一方で、もし天皇家と将軍

尊王攘夷思想の生まれた背景

「攘夷」は朱子学の思想が中華思想と結びついたもの。この世の中で中国の文明こそが最高であり、中国では周辺異民族を北狄《ほくてき》、西戎《せいじゅう》、南蛮《なんばん》、東夷《とうい》という蔑称で呼んだ。そして、こういう野蛮人である夷狄《いてき》が侵入してきたら、打ち払わなければいけないとするのが「攘夷」の考え。南蛮とは、シャム（タイ）、ルソン（フィリピン）など南方諸地域の呼称だったが、それらの地域を経てやって来た西洋人（当時はスペイン人やポルトガル人）の本国や植民地も、南蛮と呼ぶようになった。

家が対立した場合には、迷わず天皇に味方して幕府を滅ぼすという考えが出てくるのは当然でした。これが「勤皇思想《きんのう》」と呼ばれるものです。

学者の解釈する中華思想

幕末を席巻した「攘夷《じょうい》」という思想も、実は朱子学をもとにしたものです。

攘夷は中国の「中華思想」からきています。これは自国の文明こそ最高であり、それ以外は全部野蛮であるとする考え方です。ですから中国では周辺の異民族を北狄《ほくてき》、西戎《せいじゅう》、南蛮《なんばん》、東夷《とうい》といって蔑んでいました。そんな野蛮人が攻めてきたら打ち払うべしというのが「攘夷」です。江戸時代の学者たちは、こうした中華思想を学ぶうちに、ここで言う中国とは国名ではなく文明の中心地のことであると捉えるようになり、さらには日本こそが「中国」であると考えるようになりました。こうして家康の推奨した教育によって、天皇を敬う「勤皇」と、外国勢力を打ち払う「攘夷」という思想が人々の間に広がっていきます。

その中でアメリカに圧力をかけられた幕府は、天皇に許可を得ることなく開国に踏み切ります。天皇から政治を委任されているのですから、本来なら幕府が開国を決断しても構わないはずでした。しかし、黒船来航によって神経が高ぶっていた人々にとって、このような幕府のやり方は「天皇をないがしろにしている」と勤皇思想を触発し、「外国の言いなりになっている」と攘夷論者にも追い風となる結果を招きました。これが、やがて討幕運動にまで発展していくことになるのです。

TOPIC 22

日本史3大事件の一つ「黒船来航」

黒船来航は、鎌倉幕府成立、明治維新とならぶ、日本の歴史の大転換点となった

海からの脅威が安全な国を脅かした

徳川家康が構築した国家は「徳川三百年の泰平《たいへい》」と言われるほど、長い間平和が続きました。そんな平和を打ち破ったのが、「黒船」の出現です。

江戸幕府を開く際、家康が危惧していたのは不平分子による内乱の勃発でした。そのために国内の要衝に城を配置するなどの防衛策を張っています（114ページ参照）。想定していたのは、薩摩や長州などが東上してくること。つまり、陸続きに攻められることだったのです。

家康が海外から攻め込まれる心配をほとんどしていなかったのは、日本が海に囲まれた国だったからです。海を越えて攻め込むには、船に大量の兵や馬を載せてこなければなりません。それは当時の技術で造られる船では難しいことでした。

そういう意味で、海に囲まれた日本は世界一安全な国だったのです。

海に囲まれた国が安全であることの理由

　海に囲まれている日本が安全だということは、それまで外国から侵略を受けたことが一度しかないことからも明らかでした。その一度が「元寇《げんこう》」です。世界最強といわれたモンゴル軍を撃退できた理由については、49ページで解説しました。要するに、遊牧民族の機動力であった馬が運べなかったからです。

　一つの場所に定住する農耕民族が遊牧民族の侵入に対抗するため、たとえば中国では「万里《ばんり》の長城」を築きました。中国に限らず、

1792年、ロシアのラクスマンが根室に来航
1808年、イギリスの軍艦がオランダ船捕獲の目的で長崎湾に侵入、燃料や食料を強奪(フェートン号事件)
1804年、ロシアのレザノフが日本との通商を求める
1837年、アメリカのモリソン号が、異国船打払令のために撃退される(モリソン号事件)

江戸時代の外国船来航

ペリー来航前、日本に来る外国船は紳士的な態度で交渉に臨んできたが、幕府は異国船打払令などを背景に、これらを追い返してしまう。そのためペリーは、日本に対しては強硬な態度が必要だと判断したと考えられる。

黒船が来航するはるか以前から、日本の国防の重要性を説く学者もいた。林子平もその一人で、『海国兵談』により日本の海防の重要性を説くが、発禁処分とされていた。そのため書写本を作り、それが世に伝えられていった。

中東やヨーロッパでも、都市の周辺に城壁を築くのは常識でしたが、日本だけは都市をそのような城壁で囲む必要はありませんでした。それは、日本は周辺を海で囲まれていたために、異民族が騎馬で侵入してくる心配がないため、城壁を築く必要がなかったからです。

しかし、海に守られた日本の平和が脅かされていることを、黒船来航の60年以上前に警告していた人もいました。それが林子平です。彼は『海国兵談』という本を書き、海の上には万里の長城を造れないので、もっと海防に目を向けなければいけないということを訴えました。しかし彼の意見は封殺され、子平自身も幕府によって罰せられてしまいます。

その後も日本には、右下の図のように何度か外国船が来航しますが、幕府はこれらをことごとく打ち払います。そのため、「海に囲まれた日本は平和である」という考えだけが、世界の情勢に反して鎖国状態の日本に引き継がれてしまったのです。

日本が初めて遭遇する軍艦という軍事力

海に囲まれた国が安全であるとの常識を覆したのが「黒船」でした。黒船とは、船舶上の分類でいえば軍艦です。さらに、蒸気機関で動く蒸気船でした。蒸気機関の発明により、人々は膨大な荷物を運べるようになりました。さらに船でいえば、大きな軍艦を造ることも可能になりました。蒸気機関は、人類の歴史にもたらされた画期的な動力源だったのです。

それに引き換え、日本でそれまでスタンダードだった木造の帆船の動力源は、風力でした。ですから、運べる人間の数は限られ、重い大砲を積むこともできません。さらに言えば、日本では木造帆船でも巨大な船を造ることを禁じていました。これは、家康が海路から江戸に攻め込まれるのを警戒したことに加え、後に鎖国をした際、海外渡航を不可能にすることが目的だったといわれています。もちろん、警戒したのは外国の勢力ではなく、国内の勢力でした。ちなみに、かつて世界の大帝国だったスペインや

品川台場

黒船来航で幕府は海防強化の必要性を痛感し、江川太郎左衛門に命じて砲台の建設に着手。

ポルトガルの軍艦も、すべて木造帆船でした。

世界初の鉄張りの戦艦といわれているのが、織田信長の造らせた鉄甲船です。これは、当時信長が争っていた毛利軍が、火薬を使って木造の帆船を燃え上がらせるという戦法を使っており、さんざん苦しめられたことから、それに対抗して造らせたものです。しかし、鉄甲船は、木造の船に鉄板を貼り付けただけのものでした。しかも手漕ぎだったので、機動力というものが備わっていなかったのです。

ところが、「黒船」は違います。鉄張りで巨大な大砲が積める上、たくさんの人員を載せることもできる「動く砲台」でした。ペリーの乗ってきた黒船はアメリカ海軍所属のものでしたが、他の黒船もフランス海軍あるいはイギリス海軍など、軍に所属した軍艦だったのです。こうした戦力を、それまでの日本は知りませんでした。

黒船を率いて日本に来航したペリー（マシュー・カルブレイス・ペリー）。日本に来航した当時の文書には「ペルリ（彼理）」と記されている。

黒船来航の意味は大戦なみの重みがある

天下分け目の戦いと呼ばれた徳川家康と石田三成による「関ヶ原の戦い」は、当時の武士を二分した大きな戦いであったことは間違いありません。しかし、極端に言えば、どちらが勝つことになっても、その後も武士政権が続くことは明らかでした。また、壬申《じんしん》の乱においても、これはあくまで天皇家の相続争いに過ぎませんでした。いずれが勝っても、天皇家が日本の主権者であることに変わりはなかったので、日本を大転換させるほどの事件ではありません。

こうした戦いが大きくクローズアップされることはしばしばあっても、「黒船来航」については、比較的簡易に済まされている傾向があります。

教科書などには「黒船」が来て「日本は大騒ぎになった」とか、「それ以後日本が変わった」といった簡単な記述があるだけで、なぜそこまで慌てることになったのか、ということにまで踏み込んで触れたものは、あまり見受けられません。

日本史において大きな変化と言えるのは、鎌倉幕府の成立です。それまで日本の頂点に君臨していた朝廷や公家に代わり、武士が政治を司るようになったのですから、これは日本を変えた大事件ということができるでしょう。

もうひとつ、明治維新も大変な変化を日本にもたらしました。日本の政権を担ってきた武家が倒れ、天皇が中心となった政権となり、さらに近代国家への道をたどることになったのです。これは、まぎれもない大事件です。

この「黒船」来航が、「鎌倉幕府成立」「明治維新」にならぶ、日本史における3大事件のひとつに挙げてもよいぐらいの大事件だったと言えるでしょう。

TOPIC
23 アメリカが日本に開国を迫った「本当の理由」

強気に出れば日本は従うことを覚えたアメリカは、ついに日本の鎖国を終わらせる

アメリカにとって日本はアジアの玄関口

アメリカ海軍の軍人であるペリー提督が浦賀にやってきたことで、日本は開国を果たしました。それにしても、なぜアメリカは日本に開国を迫ったのでしょうか？

その問いに「欧米列強にはアジアを植民地にする野望があったから」と答えるのは、厳密に言えば間違いです。

彼らの乗ってきた「黒船」は蒸気船です。帆船は風力で動くので燃料を必要としませんが、蒸気船には燃料を補給する必要があります。

ヨーロッパからアジアに向かうときには、インド・ルートを使います。アフリカ南端から中近東を通り、インドを通過するルートです。このルートで見ると日本は極東と呼ばれ、ヨーロッパから

見れば、アジアでいちばん東にあります。ところが、アメリカがそのルートを使うのは、地理的に遠回りです。アメリカがアジアへ向かうもっとも簡単なルートは太平洋横断です。そんなアメリカにとって、日本はアジアの入り口に位置しており、アメリカは日本に「燃料の補給基地になってほしい」と願っていたのです。

幕府の無策が招いたアメリカの強硬な態度

日本では「いきなりペリーが浦賀にやってきて開国を求めた」と思っている人が多いようです。しかし、実はペリーの前にも、アメリカからの使節が2度、日本を訪れている事実があります。

アメリカは、地理上の状況から日本を補給基地とすることを望んでいました。当時の日本は鎖国をしており、アメリカにとってはまったく未知の国です。そこで、最初から軍艦で向かうのはよくないと考え、まず民間商船を日本に送り込み、自国の意図を伝えようとしました。そのときの船がモリソン号で、太平洋に漂流していた日本人を救助して、彼らを日本に送り届けるという「おみやげ」まで用意し

アヘン戦争

1840年、清がアヘン戦争でイギリスに敗れ、不平等条約である南京条約を結ばされた。幕府は鎖国継続の困難さを認識する。

ていました。
ところが、幕府は漂流民の受け取りを拒否した上に、モリソン号を砲撃して追い返してしまいます。この結果を見て、アメリカは態度を硬化させ、今度は軍艦で向かいます。ここで正式にアメリカ大統領の国書を持ってお願いしに来たのですが、またもや拒絶されます。あくまで下手に出て穏便に開港してもらおうとしていたアメリカは激怒。ついにペリーを派遣して、脅すように開国を迫ったのです。

この流れでいえば、再びアメリカが来ることは予測できたはずなのに、まったく対策を講じることのないまま、日本は「不平等条約」を結ばされるはめになってしまいます。

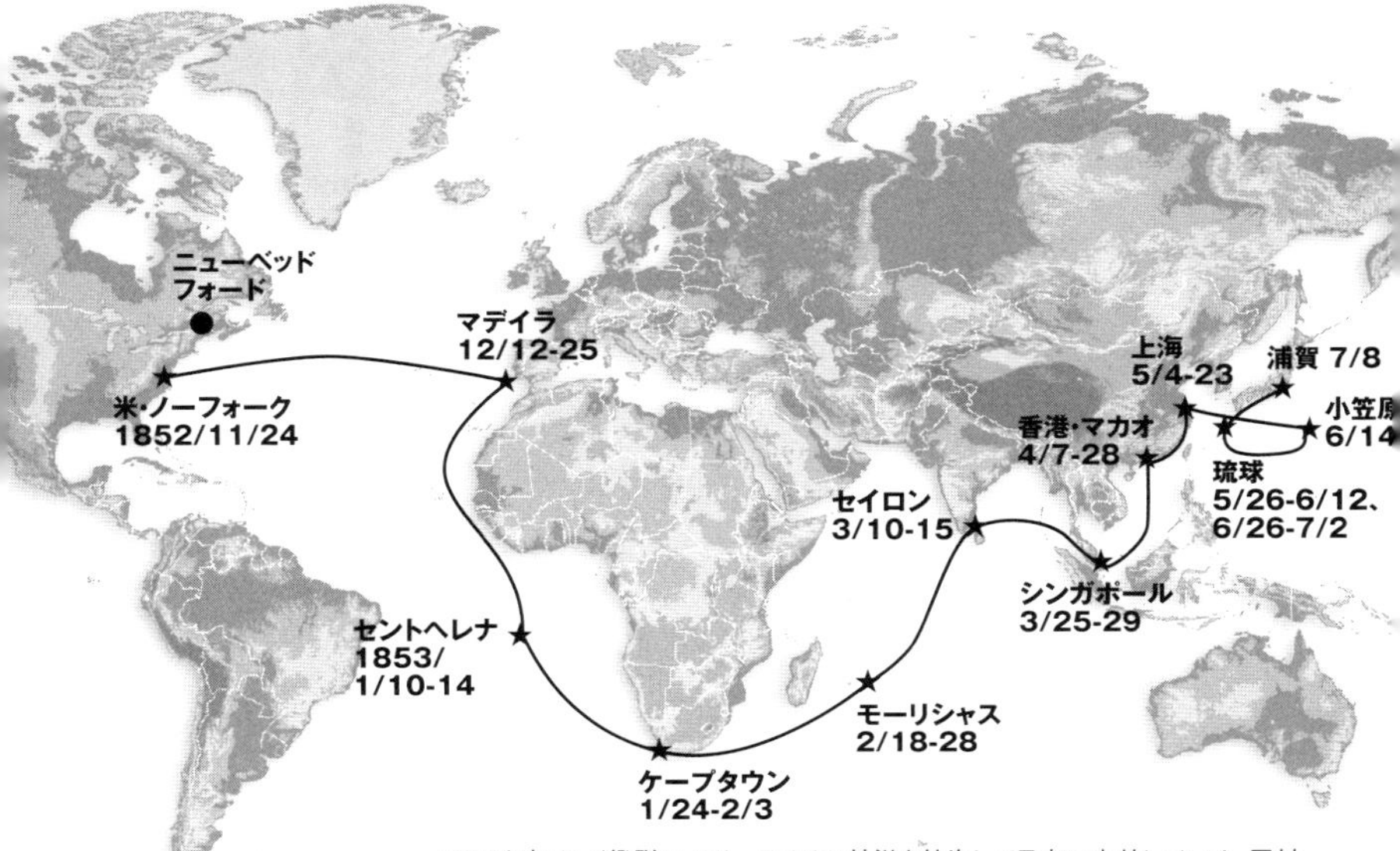

アメリカ東インド艦隊のペリーははるか外洋を航海して日本に来航している。反対の太平洋ルートなら簡単に行けるが、日本は鎖国しているので、入港して燃料補給はできない。この現状を打破し、日本で燃料補給できるよう日本にも開国を迫った。

近代（1855〜1866年）

TOPIC 24

勝海舟と坂本龍馬が日本海軍を生み出した

勝海舟と坂本龍馬の運命的な出会いは、日本が開国に舵を切るポイントとなった

「海舟」の名に込められた思い

かつて佐久間象山《しょうざん》という学者がいました。彼は松代《まつしろ》藩の藩士で、海外勢力の脅威をいち早く幕府に訴えていた一人でしたが、攘夷派の人間に暗殺されてしまいます。彼の意思を継いだのが、象山の門弟であった勝海舟でした。「勝海舟」とは本名ではありません。本名は勝麟太郎義邦《かつりんたろうよしくに》。勝は象山からもらい受けた額に揮毫《きごう》されていた「海舟書屋」から名を取ったのです。象山は「勝海舟」の名づけ親といってもいいでしょう。

この「海舟」という言葉は、勝にとって、生涯の念願をそのまま文字にしたようなものでした。海の舟とは、つまり軍艦や商船を指します。勝海舟は、国が新しく生まれ変わるためには、まず民間の商船隊を造って国を富ませ、それで得た資金で軍艦を造り、その軍艦で国の守りを固めることが必要だと考えていました。

そんな勝海舟がまず行ったのが、鎖国していた日本と唯一国交のあったオランダに頼み、オランダ海軍の士官を日本に派遣してもらうよう幕府を説得することでした。

広く門戸を開放した神戸海軍操練所

勝海舟の狙いは、日本人が海軍技術を学ぶことでした。それまで日本の海防論といえば、「台場主義」つまり、沿岸に砲台を築いておけば十分である、という考えだったのです。もちろん、それでは外国勢力に太刀打ちすることができないのを勝海舟は知っていました。幕府、朝廷の両方を必死に説得した挙句、ようやく設立させたのが、「長崎海軍伝習《でんしゅう》所」です。

勝海舟は、自ら伝習所の一期生となり、海軍術を身につけました。彼はやがて、咸臨《かんりん》丸《まる》の艦長となってアメリカに渡るまでになり

ます。

海軍技術を学べば学ぶほど、日本の将来に必要な技術であると痛烈に思い知らされた勝海舟は、これをさらに多くの人に伝えるべき、と幕府に働きかけて新たに学校を設立させました。それが「神戸海軍操練所」でした。

当時の常識で考えると、幕府の金で設立された学校は、幕府の人間でなければ入学することができない、というのが当たり前でした。しかし、勝海舟はむしろ幕府ではなく、諸藩の人間を積極的に招き入れました。身分の違いは気にしない。志があるのなら、どんどん受け入れる。こうして、広く門戸を開放するという勝海舟の基本方針のもと、全国から大勢の希望をもった若者が訪れ、海軍術を学んでいったのです。勝海舟が、「日本海軍創設の父」と呼ばれる由縁《ゆえん》です。

海軍創設を決定づけた勝と龍馬の出会い

「神戸海軍操練《そうれん》所」の塾頭になったのが、あの坂本龍馬です。勝海舟と龍馬の出会いは、龍馬が勝海舟を斬りに行ったことから始まったといわれています。

なぜ龍馬が勝海舟を斬り殺そうと考えたのでしょうか。

そもそも攘夷論の本質は「外国の武力干渉あるいは内政干渉、侵略等を排除して、日本国の独立を保つ」というものでした。そこには大きく分けてふたつの考えがあります。

ひとつは、外国人をとにかく斬れば、恐れをなして逃げ出すだろうという考え。これを小攘夷と呼んでいます。

もうひとつは、積極的に開国して海外の技術を国内に取り込み、そうした上で国を富ませなければ独立は保てないとする考えです。これを大攘夷と呼んでいます。

もともと龍馬は小攘夷の考え方でした。一方の勝海舟は大攘夷の代表格のような存在です。そのときの龍馬は、勝海舟を「外国に魂を売る者」と捉えており、それで斬り殺しに向かったのです。ところが、龍馬は逆に勝海舟に説得されます。

冷静に日本の現状を見つめれば、どちらが正しいかは明らかです。

たとえば、当時の日本が持っていた大砲は、戦国時代から変わらず青銅製でした。それに弾を込

勝海舟とともに日本海軍の礎を築いた坂本龍馬だが、そのほかにも薩長同盟を仲介、五箇条の御誓文の基となる「船中八策」を起草するなど、歴史上、彼の残した功績は大きい。

めて放てば、木造の建築物を破壊することはできます。ところが、外国製の弾には中に火薬が詰め込まれており、当たれば炸裂するというすさまじい破壊力でした。

日本は、青銅製の大砲を造ることはできても、外国製のような破壊力をもつ大砲を造ることは、技術的に不可能でした。外国に対抗するためには、外国の科学、数学、技術を学ばなければなりません。

こうしたことを聞かされて、龍馬は勝海舟を殺すのではなく、彼から学ぼうと考え直したのでした。

「操練所」設立に果たした龍馬の功績

実は、龍馬が勝海舟を斬ろうとしていたというのは本当ではないかもしれません。この逸話は勝海舟が後日談として語ったものがもととなっており、龍馬にしても、勝海舟にしても、大言壮語《たいげんそうご》のような性格がありますから、にわかには信じることができません。実際には殺すのではなく、話を聞きに行ったというところでしょう。

「神戸海軍操練所」設立には、龍馬の功績もあります。実は幕府からの公金では設立資金が足りなかったのです。困った勝海舟は窮余の策として、自分と同じ意見を持つ越前福井藩の前藩主・松平春嶽《しゅんがく》にお金を出してもらうことを思いつきました。

当時、春嶽は政事総裁職を辞し、越前福井に引きこもっていました。本来であれば直接会ってお願いすべきところでしたが、多忙で越前まで行く時間がありませんでした。そこで、白羽の矢が立ったのが、一番弟子の龍馬でした。龍馬は勝海舟の期待を一身に背負って春嶽と対面し、「操練所」の必要性を語り、見事に大金を引き出すことに成功しています。

こうした龍馬の働きに報いるように、勝海舟は脱藩という罪を犯していた龍馬を許すよう、土佐藩主である山内容堂に頼み込んだこともありました。

勝海舟と龍馬の尽力により、「神戸海軍操練所」は無事に設立することができました。勝海舟は、その塾頭に龍馬を就任させています。

龍馬はここで学んだことを基礎として「海援隊」という民間商船隊あるいは私設の海軍のような組織を後に設立しています。勝海舟の志をしっかりと受け継いだのです。日本の海軍創設には、勝海舟だけでなく、龍馬の果たした功績も、決して少なくなかったのです。

寺田屋

1866年3月、坂本龍馬は京都の定宿としていた寺田屋で、幕府の伏見奉行の捕り方に襲われた。龍馬は高杉晋作にもらった拳銃で防戦し、長州の三吉慎蔵らとともに脱出、あやうく難を逃れた。

TOPIC 25

井伊直弼と尊王攘夷の謎

尊王攘夷派に暗殺された井伊直弼も、決して天皇を無視したわけではなかった

幕末のキーマン井伊直弼

1858（安政5）年になると、将軍継嗣問題が持ち上がりました。病弱であった13代将軍・徳川家定の後を誰にするかという問題で、幕閣は、将軍家の血脈に近い紀州藩・徳川慶福《よしとみ》（南紀派）と、英明で知られる一橋家当主の一橋慶喜《よしのぶ》（一橋派）とに分かれました。この頃は、「佐幕《さばく》」つまり幕府を守ろうとする側の人間が時代の主役を握っていた時代です。このときに重大なキーマンのひとりとなったのが井伊直弼《なおすけ》です。

直弼は彦根藩主井伊直中の14男として生まれました。側室から生まれた直弼は役職にもつけず、嫁ももらうことができず、「部屋住み」と呼ばれる不遇の生活をしていました。いつしか直弼は出世することを諦め、歌道や茶道などの風流のほか、槍術や居合術など、趣味三昧《ざんまい》の暮らしをしていたのです。

ところが、井伊家から次々に兄弟が去ったり、兄が亡くなったりしたことから、直弼は藩主に就任することになりました。腰が低いばかりか人当たりもよい直弼は、たちまち大名たちの間で評判となり、国学者長野主膳《しゅぜん》を使って一橋派に有利だった情勢を逆転させた功績によって、大老に就任することとなったのです。

幕府の秩序を脅かす者を排除する直弼

大老に就任した直弼は、一橋派の弱体化をはかり、老中の堀田正睦《まさよし》や松平忠固《ただかた》などを幕政から追放します。また、朝廷の許可なく日米修好通商条約の調印を進めてしまいます。それを知った攘夷論者の孝明天皇は「退位しなければおさまらない」とまで言って激怒しました。

強権を振るう直弼に焦りを感じた一橋派は必死に抗議し、直弼を追い落とそうとしますが、直弼は彼らを「上様の思し召し」として謹慎処分にしてしまいました。

天皇の怒りをおさめるべく動いたのが、尊攘派のメンバーでした。攘夷を求める朝廷が期待していたのは、一橋派として蟄居《ちっきょ》させられていた水戸藩の前藩主である徳川斉昭《なりあき》で、彼は強硬な攘夷論

幕末に江戸幕府の大老を務めた井伊直弼は、日米修好通商条約に調印、その後、強権をもって国内の反対勢力を粛清したが（安政の大獄）、その反動で暗殺された（桜田門外の変）。

者でした。

そこで、朝廷は勝手に条約調印を進めたことを諫める内容の勅諚《ちょくじょう》を、幕府と水戸藩に下します。普通は幕府のみに下される勅諚を諸藩のひとつに過ぎない水戸藩にも出しているのは、朝廷が水戸藩を特別扱いしていることを幕府に伝えるためです。暗に斉昭らを赦免せよ、と言っているのに等しいことでした。

何より幕府の秩序を重んじる直弼はこれに激怒し、幕府に反抗的な者を次々に弾圧しました。これが安政の大獄です。

倒幕を正当化した松陰の「一君万民論」

国内の反対勢力を強圧的に排除した井伊直弼は、多くの攘夷派から恨みを買うこととなり、最終的に「桜田門外の変」で暗殺されました。

これは、一見すると佐幕（幕府を守ろうとする勢力）と勤皇（天皇を支持する勢力）との争いです。

しかし、幕府を守ろうとした直弼ですら、決して天皇を無視してはいません。天皇は最高主権者であり、その天皇によって任命された征夷大将軍に従うことこそが、真の勤皇を貫くことになる。これが佐幕の考え方だったからです。つまり、天皇を最高の主権者として認めている以上、幕府の最高権力者である将軍も、勤皇であるということになります。

それではなぜ、それが幕府を倒すということにつながっていくのでしょうか。

これに答えを出しているのが吉田松陰です。天皇は絶対君主であり、その座は不可侵です。臣下が天皇になることは絶対にありません。

ということは、天皇の前では臣下はすべて平等ということになります。将軍も、浪人も、農民も、すべて同じ立場ということができます。この論理を突き詰めていくと、たとえば将軍や大老が天皇の意思に背くような行動に出れば討ってもいいのだ、と松陰は解釈したのです。これは後に「一君万民論《いっくんばんみんろん》」と呼ばれるものです。

かつて攘夷論者であった薩摩や長州は、実際に外国と戦争をしたことで、攘夷が現実的ではないことを思い知らされ、倒幕へと傾いていきます。

幕末の尊王攘夷とは、観念的な理想を声高に叫んでいるに過ぎず、現在の「護憲《ごけん》」を唱える人々と似通っています。現代でも日本に外国が攻めてこない要因には、憲法9条や自衛隊の存在もあるかもしれませんが、やはりアメリカの同盟国だからだということも見逃せない事実なのです。

現在の桜田門

井伊直弼の屋敷は、桜田門から西に500メートルほど行った、現在の憲政記念館の立っている辺りにあったという。

TOPIC
26

生麦事件と薩英戦争

生麦事件で攘夷派の喝采を浴びた薩摩藩は、薩英戦争で攘夷の限界を知る

攘夷論が高まるなか勃発したイギリス人殺傷事件

１８６２（文久２）年は、薩摩の島津久光が唱える「公武合体」と、長州藩士の久坂玄瑞《くさかげんずい》が唱える「倒幕」がふたつの核となって世の中の情勢が動いている時期でした。

この頃、久光が江戸で「文久の改革」を進め、開国やむなしとする一橋慶喜を将軍後見職に就任させるなどしていた一方で、久坂と気脈を通じた土佐の武市半平太《たけちはんぺいた》が、藩の執政で保守派の筆頭である吉田東洋を暗殺して、土佐藩の藩論を尊王攘夷に統一していました。この影響で、京は過激な攘夷派が跋扈《ばっこ》することとなり、暗殺が頻発するようになっていきます。

そんな中、久光が江戸での仕事を終え、薩摩に戻るときに事件は起こりました。久光一行の行列を、騎乗したまま見ていたイギリス人の一行があったのです。

当時は、外国人といえども、すぐに下馬して一礼するのがマナーでした。ところが、イギリス人

一行は、このルールを知りませんでした。無礼を咎《とが》められたリチャードソンという商人は、慌てて馬の向きを変えようとしたものの、興奮した馬が久光一行の行列に突っ込んでしまいました。

これに激怒した薩摩武士はリチャードソンを斬りつけました。深手を負ったリチャードソンは、

島津斉彬と反射炉跡

島津斉彬《なりあきら》は薩摩藩の第11代藩主。藩の富国強兵に努め、洋式造船、反射炉の建設、ガラス・ガス灯の製造などを積極的に行う。また、西郷隆盛ら有能な人材も育てた。

馬を走らせて逃げようとしましたが、途中で落馬してしまいます。虫の息だったリチャードソンのもとに駆けつけた薩摩藩士は、彼をズタズタに斬ったのです。

そこには、敵は必ず仕留めなければならないという薩摩の武士道と、日本の道を我が物顔で歩く外国人への反感とがありました。この事件は、横浜にある生麦村で起こったことから、生麦事件と呼ばれています。

攘夷浪人に英雄視された島津久光の沈黙

丸腰の一般市民が虐殺されたことに激昂したイギリス人たちは、当時、公使を務めていたジョン・ニールに報復を訴えましたが、ニールはあくまで「外交ルートを通じて抗議する」と理性的に同胞を説得しました。

一方、事件を知った奉行が薩摩藩に説明を求めると、久光は「攘夷浪人が勝手にやったことで、薩摩藩には関係ない」とシラを切りました。あまりのことに幕府が江戸にある薩摩藩の留守居役にも事情を尋ねたものの、「足軽が勝手にやったこと。その者も逃亡して行方がわからない」などととぼけたの

神奈川県横浜市鶴見区生麦にある生麦事件の碑。

です。

この事件は、過激な攘夷浪人たちから拍手喝采を受けました。そして「さすが久光公、よくぞ攘夷を実行なされた」と、久光を英雄視するようになります。久光はその後も、この事件について口を閉ざし続けています。

薩摩に攘夷の限界を悟らせた薩英戦争の意義

生麦事件の責任を認めた幕府は、イギリスに賠償金を支払いました。しかし、当事者の薩摩藩は、賠償金どころか犯人の引き渡し要求にも応じず、相変わらず「犯人は逃亡中で行方不明」とのデタラメな態度を取り続けていました。

こうした中、イギリス艦隊は横浜を出航し、鹿児島湾に投錨。最後の交渉が行われました。しかし、あくまで断固抗戦の構えを崩さない薩摩藩に、イギリス側は戦争という判断を下しました。

薩摩藩は、交渉が決裂した途端に、地上の全砲台からイギリス艦隊に向けて集中砲火を浴びせました。ところが、薩摩藩の持つ旧式砲では、イギリス艦隊に致命的な打撃を与えることはできません。

一方、鹿児島湾の沿岸をなぞるように進んだイギリス艦隊は、薩摩藩の砲台に艦砲射撃を浴びせます。薩摩藩は圧倒的に武器の質で劣っていたにもかかわらず、折からの嵐という天候不順を味方につけ、敵の上陸は許しませんでした。しかし、砲台の大部分を破壊された上に、城下町も砲撃に

生麦事件の解決を迫るイギリスと薩摩藩の間で行われた戦闘。薩摩藩も奮戦したが、圧倒的な戦力の差を見せつけられ、この戦闘以後、藩は大攘夷へと転換し、倒幕へと動き出す。

よって炎上して焼け野原になってしまいました。一方、全戦力を投じて攻撃した敵艦隊はほぼ無傷。損害の差は明らかでした。

この戦果を受けて、薩摩藩では島津久光も交えた大評定が行われました。この席で、家老の小松帯刀《たてわき》が「イギリスと和平交渉を行い、講和を結ぶべきだ」と献言。久光はこれを了承しました。

イギリス側は、幕府の役人と違って明確に物を言う薩摩の人々を気に入りました。こうして、薩摩とイギリスは急接近していくことになります。そして、歩調を合わせて、ともに日本の改革に歩んでいくことになったのです。

これは、フランス軍に徹底的に叩きのめされた長州藩が相も変わらず攘夷を叫んでいた姿とは、まったく正反対でした。

TOPIC 27

高杉晋作と維新回天《かいてん》

ボロボロの長州藩の救世主となった高杉晋作は、藩をまとめ倒幕に邁進する

「開国」の現実をみた高杉の海外留学

久坂玄瑞、吉田稔磨《としまろ》とともに吉田松陰門下の三秀と呼ばれたのが、高杉晋作です。松陰の尊王攘夷思想をもっとも色濃く受け継いでおり、長州藩の藩論を公武合体から倒幕へと転換させた中心人物です。

高杉は、生涯の師匠である松陰を死罪にした幕府に対し、激しい怒りを持っていました。さらに気性が荒く、松陰門下の間では「放れ牛（暴れ馬）」と言われていました。そのため、長州藩の藩論を倒幕ではなく、公武合体に大きく引き寄せた長井雅楽《うた》を憎み、暗殺する計画まで立てました。

この計画を知った桂小五郎（後の木戸孝允《たかよし》）は、高杉のような有能な人材を一暗殺者にするのは惜しいと考え、高杉を海外に留学させました。好奇心や探究心の強かった高杉は、長井暗殺のこと

も忘れ、大いに喜びました。

高杉が向かった先は上海でしたが、欧米各国に半ば植民地化された上海の姿に驚きました。あまりに貧しい清国人の民家と、豪壮な欧米各国の商館との差は、それまで高杉が抱いていた「外国人を斬って追い払う」という単純な攘夷から「開国近代化して列強に対抗していく」という思想に変わっていくきっかけになったのです。

松下村塾の門弟の中でも一、二を争う秀才。幕府の長州征伐に対して奇兵隊を率い、幕府軍を打ち破る活躍を見せる。

瀕死の長州藩を救った高杉の戦略

高杉は奇兵隊を結成したことでも知られています。本来、軍隊は武士によって構成されるものですが、奇兵隊は志さえあれば農民や町民でも参加できる画期的な軍隊でした。彼らは戦いのときにも敵を圧倒する強さを見せています。

当時、長州藩は「倒幕」か、「幕府に恭順《きょうじゅん》」かで揺れていました。蛤御門《はまぐりごもん》の変で攘夷に頑なな態度を取ったことなどにより、幕府軍や欧米の連合軍に攻められ、長州藩はボロボロになっており、恭順派の声も大きくなってきていたのです。

高杉は倒幕のみならず、「開国」という新たな考えを持っていました。しかし、当時の長州で「開国」を口にしても理解は得られません。そこで、幕府に恭順の意を示す派閥・俗論党を倒す際に、高杉は「攘夷を実行しない俗論党は倒すべき」という理屈をつけ、人々の攘夷に対するエネルギーを俗論党打倒に振り向けたのです。これは、後に薩長が「攘夷を実行しない幕府は倒すべき」として倒幕に向かわせた戦略とまったく同じものです。こうして長州藩は「倒幕」の姿勢を鮮明にしました。

瀕死の状態だった長州藩が維新回天の主役に立てたのは、武士以外でも戦えることを証明した奇兵隊の存在と、長州藩の意見をひとつにまとめた高杉の果たした役割が大きかったといえるでしょう。

蛤御門
長州藩士たちが、京都守護職・松平容保《かたもり》らの排除を目指して挙兵（禁門の変）。その激戦地となった蛤御門には、今も弾痕が残る。

高杉晋作ら長州藩士の魂は京都の霊山に祀られている。

維新志士

❖誤った攘夷論が日本全土を覆った

1853年にペリー提督が黒船に乗って浦賀にやってきたことは、日本を揺るがす大事件でした。彼らが突きつけてきた「開国」により、長年日本が続けてきた鎖国体制の崩壊が突然訪れることになったからです。そればかりか、彼らの持つ科学や技術、知識といった、見るもの、聞くものすべてが、日本を圧倒するものばかりだったのです。誰もが「日本は変わらなければならな

吉田松陰《しょういん》

い」と思い至りました。

そんな人々の心を捉えたのは、ふたつの考え方でした。

ひとつは「尊王論」です。これは「この国の真の主権者は天皇であり、天皇に忠義を尽くすことこそが正しい」という考えです。

もうひとつは「攘夷論」です。「外国の圧力に屈せず日本を守り抜く」というものでした。問題は、多くの人が「攘夷論」を誤解したことです。攘夷とは、単純に「外国人を斬って追い払う」ことだと考えたのです。

この考えには具体的な構想がまるでありません。闇雲に外国人を斬った先に何があるのか、誰も考えていませんでした。実は、幕末の英雄である坂本龍馬や高杉晋作など

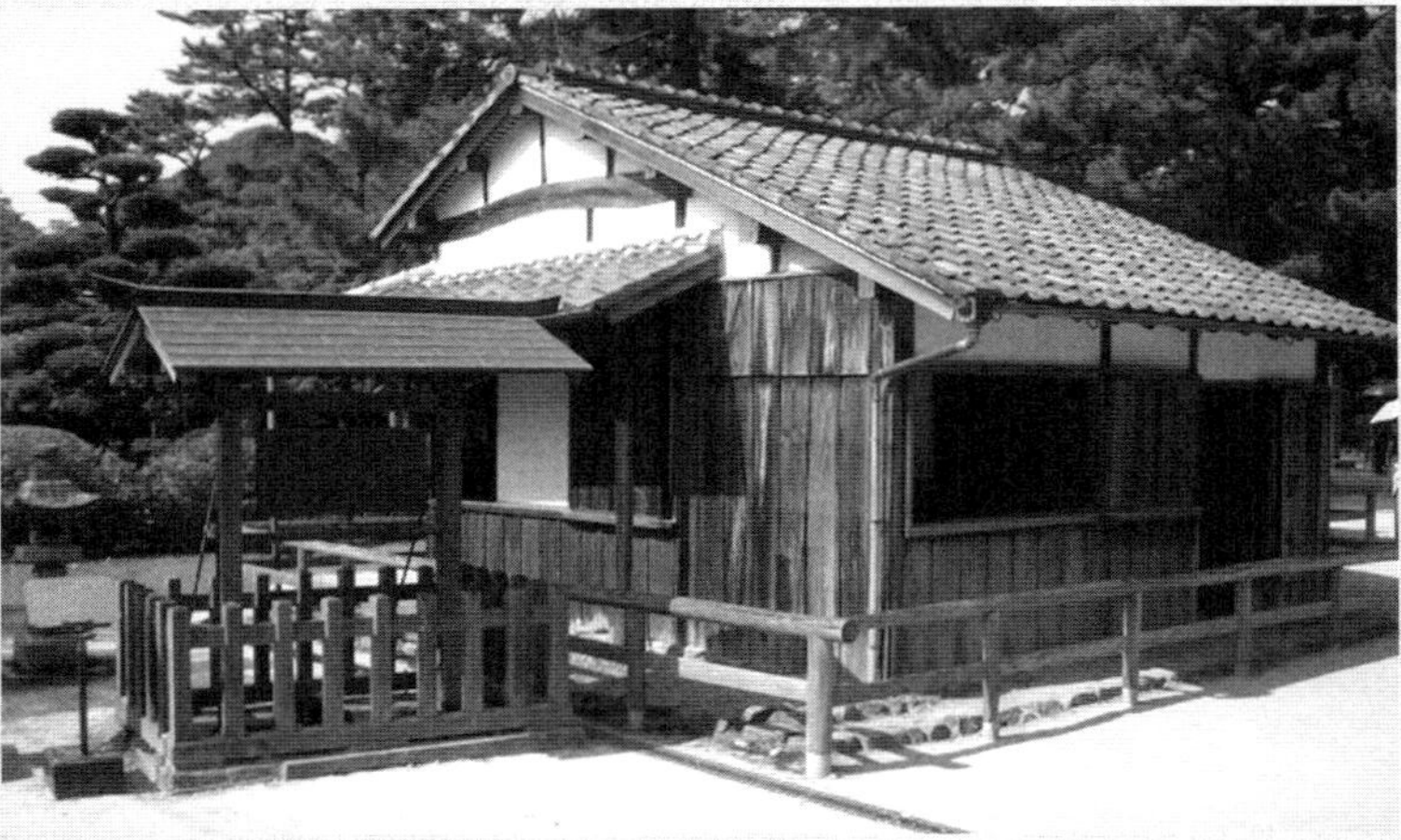

吉田松陰と松下村塾

幕末の長州（山口県）で吉田松陰が講義を行った私塾。維新志士や、その後明治新政府で要職を務めることになる多くの人材を輩出した。

も、最初はこの考えでした。

❖薩長同盟に尽力した坂本龍馬の功績

当時の状況を考えれば、日本の独立を守りたいのなら、開国して近代化する以外に道はありませんでした。しかし、そうした開明的な考えは排除され、過激な外国排斥路線が、世論の支持を得ました。外国の姿を見ていなかったからです。そのため、外国人ばかりでなく、「開国」を口にする人が攘夷派の志士によって暗殺される事件が後を絶たなくなってしまいました。

高杉晋作は攘夷派から、後に開国して日本の近代化を急ぐべきだとの考えに転じますが、同じ松下村塾で学んだ久坂玄瑞をはじめ、長州では攘夷論が主流を占めていました。長州内部であっても、うっかり開国を口にしようものなら、高杉でも殺されかねない風潮であり、しばらく開国の考えを秘していました。

坂本龍馬も同様です。「開国」とは、ただの外国かぶれだと思っていた龍馬は、その代表格であった幕臣の勝海舟に会いにいきます。後日、勝海舟が語ったところによれば、龍馬は勝を「斬りに来た」のです。ところが、勝海舟から外国の話を聞くにつけ、龍馬の意識は変わっていきます。このとき龍馬は、生まれや身分にかかわらず、「アメリカでは誰もが大統領になれる」という話を聞いて感銘を受けたといわれています。

そのまま、龍馬は勝海舟を斬るどころか「日本第一の人物」と尊敬し、彼の弟子となりました。その後の龍馬が「薩長同盟」に貢献したり、先駆的な考えを記した「船中八策」で人々を驚かせたことは、あまりにも有名です。

❖頑なな攘夷論者が見た現実の「脅威」

「日本刀をふりかざせば攘夷が成る」という考えが不可能だといち早く悟ったのは、ほかならぬ幕府でした。安政の大獄で志士から恨みを買った井伊直弼ですら「開国」を進めています。しかし、日本全体を覆う「尊王攘夷」を唱える多くの志士たちは、決して「開国」を許しませんでした。

明治維新の立役者となる薩摩藩、長州藩も同様でした。彼らは、頑なに攘夷を叫びながら外国の軍隊と戦争を行った藩です。ところが、あまりの戦闘力の差、つまり「現実」を前に「開国して近代化することで国の独立を保つ」と方針を転換します。長州藩は、それでも攘夷を決行しようとして、幕府に目の敵にされてしまいますが、「薩長同盟」という起死回生の策が、長州藩を「倒幕」という新たな時代のうねりに向かわせました。

❖すべては日本を守るための想い

その一方で、こうした「現実」を直視しないまま、ただひたすら「攘夷」を言い続けて死んでいった者が幕末には少なくありません。龍馬の盟友である武市半平太も、そのひとりです。

彼は卓越した指導力がありながら、尊王攘夷の勢いが衰え、公武合体論に傾く土佐藩に対して最期まで攘夷の決行を訴えながら切腹して果てます。

いずれにせよ、日本を命がけで守ろうとして流れた志士たちの夥《おびただ》しい血によって、日本は占領されることなく、近代化を迎えられたのです。

松下村塾の塾生
右から入江九一《くいち》、吉田稔麿《としまろ》、高杉晋作、久坂玄瑞、伊藤利助《りすけ》（博文）

TOPIC 28

薩長が幕府軍に勝てたのはなぜか

欧米諸国に敗れた薩摩・長州が攘夷の無謀さに気づき、維新回天が実現する

かなうはずのなかった薩長と将軍家の差

江戸幕府を開幕した初代将軍・徳川家康が懸念していたのは、薩摩の島津家と長州の毛利家による反乱でした。そのために江戸に攻め上る要衝に城を築くなどして、薩長の動きを警戒させました。ところが、最終的に幕府を倒したのは薩長連合でした。家康の見通しはずばり当たっていたことになります。しかし、そんな家康でも予測できなかったことがあります。

江戸時代の日本における全体の石高は、だいたい2600万石ほどだといわれています。そのうち、徳川将軍家の取り分は400万石、旗本領が300万石。残りの1900万石が、江戸300諸侯と呼ばれる大名に与えられたものでした。

家康が幕府の敵国と仮定した薩摩藩は77万石でした。長州藩の方は36万石。2藩合わせても

113万石にしかなりません。単純に比較しても400対110です。この差を見れば、本来なら薩長が幕府にかなうはずがないことがわかります。

そんな圧倒的に不利な状態であったにもかかわらず、なぜ薩長は幕府軍に勝つことができたのでしょうか。

幕府に対する力を蓄えた薩摩の密貿易

江戸時代の事業といえば、基本的には農業です。当時は鎖国していたため、貿易産業はありませんでした。合戦のない平和な世の中では、農業の生産能力は上がっていきますが、武士階級の給料は上がりません。なぜなら、たとえば百石と一度決まった給料は、特別な「ご加増」でもない限り、百石のままだからです。武士階級には仕事のない余剰人員が大勢いたことから、給料を上げる余裕

大政奉還

将軍は天皇から政権をお預かりしていた。そのために大政を天皇に「奉還」するという考えに至ったのは当然の結果であった。ここにも家康の導入した朱子学の影響が現れている。

は当然ありません。そうすると、武士階級は困窮していきます。

一方の江戸幕府は、中央政府ですから、商人から冥加金《みょうがきん》と称してお金を徴収し、直轄の金銀山もありました。さらに貨幣改鋳などして金銀の含有量を減らした通貨の発行もしています。そういうことのできない武士階級は困窮していくばかりでした。

ところが、幕末の薩摩藩は違いました。実は、琉球を使って密貿易を行っていたのです。つまり、薩摩藩は農業に依存するのではなく、商業を盛んにして、貿易によって豊かになっていたのです。これが、幕府に対抗する力を蓄えることのできた理由でした。

これは、参勤交代や家臣への給料などでどんどん借金を重ねて財政破綻を起こしていた諸藩が、爪に火をともすようにして行っていた藩政改革とはまるで違うものです。さすがの家康も、薩摩の密貿易は予測できませんでした。

龍馬・勝のコンビに肩透かしにあった薩長

水と油の関係だった薩摩藩と長州藩が手を結んで生まれた武力倒幕派は、朝廷に働きかけ、幕府の廃止と15代将軍・徳川慶喜の辞任、さらに「辞官納地《じかんのうち》（内大臣も辞めさせ所領を返還させる）」を決定させました。

こうした倒幕派の動きを受け、追い詰められた慶喜は開戦に踏み切ります。これが戊辰戦争の始まりで、その緒戦が鳥羽・伏見の戦いです。薩長を主力とした新政府軍は5000、慶喜率いる旧

新撰組と鳥羽･伏見の戦い

近藤勇《いさみ》、土方歳三らが率いた武装組織。幕末の京都において反幕府勢力を取り締まり、後に旧幕府軍の一員として戊辰戦争を戦う。

幕府軍は1万5000と兵力では圧倒的に旧幕府軍が有利でした。ところが、新政府軍の巧みな戦術によって旧幕府軍は各地で敗戦を重ね、なんと大将の慶喜が、兵を置いて真っ先に逃げ出してしまいました。新政府軍は、慶喜追討令を掲げて将軍家の本拠地である江戸に向かって進軍します。

幕臣の勝海舟は、攻め上ってきた新政府軍の参謀である西郷隆盛との会談に臨みました。あくまでも幕府を滅ぼそうとする連中に対し、かつて坂本龍馬が発案したのが「大政奉還」でした。幕府が日本の統治権を朝廷に返上してしまえば、将軍家も一大名になり、滅ぼす意味がなくなるという名案でした。薩長は振り上げた拳の下ろしどころをなくしてしまうことになります。その龍馬の師匠にあたる勝海舟は、西郷に「江戸城を明け渡すから攻めるのはやめてくれ」と提案します。新政府軍は、またしても拳の下ろしどころを失うことになりました。

もっとも、勝海舟はこの和平案が拒絶されたときのこともしっかり考えていました。万一のときは、江戸の住民を避難させた上で、新政府軍を焼き討ちにする準備も進めていたのです。しかも、これを町火消の新門辰五郎に堂々と相談するなど、西郷にわかるように手配していました。

つまり、勝海舟は和平案を提案するとともに「江戸城を攻めたら、お前たちもただでは済まないぞ」と西郷に脅しをかけていたのです。

新政府軍の優位は佐賀藩参加で決まった

将軍家を直接倒すことが出来なくなってしまった新政府軍は、あくまで幕府側に立とうとする佐幕派（東北諸藩による奥羽越列藩同盟）を追い詰める必要が出てきました。

怒濤の進撃を見せた新政府軍の前に、列藩同盟の面々は次々に降伏し、白虎隊《びゃっこたい》をはじめ、多くの女性、子ども、老人を犠牲にしながら奮戦した会津藩も、やむなく降伏に至りました。

旧幕府軍の最後の砦となったのは、函館五稜郭《ごりょうかく》でした。元・新撰組の土方歳三《ひじかたとしぞう》らが参戦し、防衛戦を展開しましたが、やはり新政府軍の総攻撃に遭い、明け渡すことになりました。この戦いで、戊辰戦争が終結したことになります。

一般的に、新政府軍は旧幕府軍よりも武器において優れていたという印象がありますが、実はそうではありませんでした。鳥羽・伏見の戦いの際に薩摩軍の大砲が敵の大将である滝川具挙《ともあき》を狙い撃ちしたにもかかわらず、滝川は死ぬどころか、ケガもしなかったことからもわかるように、薩摩軍は火力の弱い大砲しか持っていませんでした。それは旧幕府軍も同じで、鳥羽・伏見の戦いの前哨戦ともいえる江戸薩摩屋敷攻撃の際、砲撃はしたものの決定的なダメージを与えることができず、結局白兵戦にもつれこみます。

そんな中、新政府軍の陣営に加わったのが佐賀藩でした。佐賀藩は世界でも最新鋭となる強力な大砲、アームストロング砲を持っていました。強力な火力を手に入れた新政府軍は、射程の長いアームストロング砲を使って、寛永寺一帯に立てこもった彰義隊《しょうぎたい》を、１日で撃破することに成功しています。

薩長ばかりが注目されてあまり語られることがありませんが、実はこの佐賀藩の新政府軍参加によってはじめて、両軍の火力の差が明らかとなり、新政府軍の軍事的優位が決定的になったのです。

鶴ヶ城と白虎隊

藩祖・保科正之《ほしなまさゆき》が残した「将軍家への絶対服従」という家訓のため、京都守護職という損な役回りを務め、後に官軍となる長州の恨みを買う存在となった会津藩。逆賊朝敵として会津・鶴ヶ城で官軍を迎え撃ち、さんざんに敗れたうえ、まだ10代の若者たちで構成された部隊・白虎隊も戦い、そのほとんどが戦争の中で亡くなっている。

TOPIC 29

「五箇条の御誓文」に見る日本の政治体制

聖徳太子の憲法十七条にもうたわれた「和」の精神が、明治の世に復活する

世界に発信された日本の新たな「誓い」

明治維新が成ってまもなく、幕末を生き抜いた志士たちによって新たな日本が進むべき方針がまとめられました。それが「五箇条の御誓文《ごせいもん》」です。これは、かつて坂本龍馬が発案した「船中八策」の基本方針がもととなっています。その内容を五箇条にまとめたのが、福井藩士の由利公正《きみまさ》でした。由利は、具体的だった「八策」の内容を精神的な方向づけとしてまとめたのです。

この「五箇条」は、桂小五郎、大久保利通、西郷隆盛といった面々が目を通し、最終的には明治天皇が天地神明《てんちしんめい》（すべての神々）に誓う、という形で発表されました。

この「御誓文」の注目すべき点は、国内のみならず、内容を外国語に翻訳し、海外にも広く公表したことです。

いうまでもなく、それまでの日本は鎖国をしてきました。ですから、ほぼすべての文書は国内に向けられたものであり、外国人に読まれることを意識したものはありませんでした。「五箇条」は、日本がこれまでとは違い、新しい国家としての一歩を踏み出したのだということを証明するものだったので、内外に発表することとなったのです。

「五箇条」に込められた日本人のメンタリティ

「五箇条」の第一条に挙げられたものは、わかりやすく言うと「何事も話し合って決めましょう」というものです。

当時から1200年以上前にも、日本は国家的な変革を迎えています。その際、日本をまとめるためにある宣言が出されています。それが聖徳太子の「憲法十七条」です。604年に公布された、この憲法の第一条とは、次のようなものでした。

〈一に曰く、和を以て貴しと為し、忤《さか》ふること無きを宗とせよ〉

大久保利通

由利公正《きみまさ》

聖徳太子が言いたかったことはつまり「何事も話し合って決めよ」ということでした。いままでもそうですが、日本人は権力が個人に集まることを極端に嫌います。歴史を振り返ってみれば、平清盛、足利義満、織田信長。彼らは改革を志して権力を自分に集中させましたが、いずれも短命で終わっています。日本人のメンタリティに合わなかったから、ということができます。

五箇条の御誓文

明治政府の基本方針となった五箇条の御誓文。神話の時代から聖徳太子の憲法十七条などを経て、今日につながる「話し合い」の重要性を説いているところに注目。

江戸幕府を開いた徳川家康は独裁者でした。後継となった2代将軍・秀忠は父の意向に決して逆らいませんでした。ところが、秀忠以降、五人の老中が話し合いで物事を決めるシステムが出来上がっています。将軍は、彼らが話し合ったことへの決裁をするだけ。江戸幕府は話し合いによって、長い間続いてきた政権だったのです。

TOPIC 30

明治憲法にも生かされた「和」の精神

軍部の独走をおさえられなかったのは、天皇が絶対的権力者ではなかったから

明治憲法下において天皇は最高権力者ではなかった?!

1889（明治22）年に公布されたのが明治憲法、いわゆる大日本帝国憲法です。この憲法では天皇が最高権力者と定められています。

一部の学者は「大日本帝国憲法は日本の国政に関する全責任は天皇にあるとしている」と、天皇の戦争責任を追及することがよくあります。ところが、その一方で同じ人が「日本という国は、軍部の独走によって滅んだのだ」ということも言っています。このふたつの意見は矛盾しています。

軍部の独走というのは、天皇の言うことを聞かずに軍部が勝手に動いたということを意味しています。それはつまり、天皇に最高権力がなかったということです。もし天皇に最高権力があれば、そもそも軍部の独走などということはありえません。

天皇は、江戸時代の将軍と同じです。内閣が話し合って決めたことを追認するだけで、差し戻し

たりはしていません。国政に対する命令を下したのは、二・二六事件の際、「反乱軍を鎮圧せよ」と命じたことと、終戦の際に「戦争をやめよう」と決断したこと。この2回だけです。

現代にも受け継がれる「話し合い」システム

天皇を最高権力者とする明治憲法には、「五箇条の御誓文」で宣言された日本独特の「和」のメンタリティ、つまりは「話し合いによって物事を決める」ことが反映されています。では、

明治天皇を祀る明治神宮

明治天皇は元号が「慶応」から「明治」に変わる直前に、四国の香川県にある崇徳上皇の御陵に勅使を派遣した。保元の乱で後白河天皇に敗れた崇徳上皇は天皇家を呪いながら亡くなり、その後、天皇家は武家（鎌倉幕府）に政権を奪われる。これを天皇家では代々「崇徳上皇の祟り」と考え、明治天皇もその祟りを鎮めるため、また、自らの政権を守ってくれるよう、祈願した。

現在はどうでしょうか。

内閣総理大臣という存在は、かなりの権力をもっているように見えますが、実際には独断で動くということはほとんど認められていません。実は、緊急非常時の場合においても認められておらず、常に閣議を招集するということが、内閣法によって定められています。極端に言えば、外国が攻めてきて応戦しなければならないような緊急事態ですら、内閣総理大臣は単独で動くことができず、みんなを集めて話し合って決める、ということになっています。

ちなみに、各省庁の事務次官が集まる会議のことを次官会議といいますが、ここで採択されたことだけが、国家の最高決定機関である閣議に上がってくる仕組みになっています。次官会議で話し合われないことは、閣議で審議することはできません。

つまり、日本の権力機構は、江戸時代の将軍システム、明治時代から戦前にかけての天皇システム、そして現在の日本国憲法下におけるシステム、すべて「何事も話し合って決めましょう」という、「憲法十七条」と、それを受け継ぐ形で作られた「五箇条の御誓文」の影響下にあるといえます。

第四章

現代編

つなげてみれば歴史が見える
33のTOPICS
#31~33

TOPIC 31

近代国家の戦争論

教科書では決して語られない、近代の戦争の背景に隠された事実の数々

江藤新平の義侠心

明治維新後に起きた佐賀の乱、秋月の乱など、不平士族の反乱に対して、一般的にあまり認識されていない部分があります。それは、これらの反乱が、武士の特権階級が奪われたという不満からだけでなく、政府の腐敗への激しい怒りから発生したということです。

明治政府は、世界の文明から300年近く遅れてしまった日本を短期間で近代化させた有能な政府でした。黒船来航時には1隻の蒸気船も持たなかった国が、わずか50年でロシアのバルチック艦隊を撃破したのです。

しかし政府の立ち上がり時期の明治10年頃までは、「貪官汚吏《たんかんおり》」というべき連中が政府部内にいたのも事実です。

1874年に起きた佐賀の乱の背景にも、そうした腐敗が垣間見られます。江藤新平は、実は乱

の首謀者ではなかったのです。むしろ彼は、乱をやめさせるために故郷の佐賀に赴いたのでした。

江藤は正義感もあり、義侠心に厚い人物でした。彼は、初代司法卿の任に就いているとき、長州人の井上馨《かおる》の不正に対する訴えを受理し、井上を逮捕しようとしますが、長州藩の圧力がかかって断念します。そのうちに征韓論が起こり、これに同調した江藤は西郷隆盛らとともに官を辞して下野します。

これは井上にとっては好都合でした。佐賀の乱の説得に向かった江藤は、乱が起こると起こらざるとにかかわらず、政府の狙いが「不平士族」を討つことにあるのだということを知ります。江藤はそこで仲間を見捨てられず、やむなく乱に加わります。

反乱軍は善戦しますが、新政府を相手にして勝てるわけもありません。江藤は敗戦したとき、潔

佐賀城

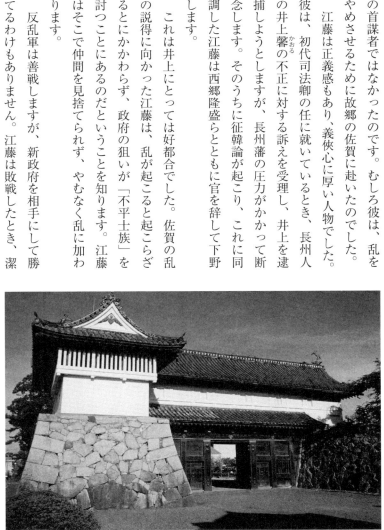

く死ぬことよりも、逮捕されて裁判に持ち込むことで、政府の悪を追及しようと試みます。ところが裁判らしい裁判は行われず、江藤には即刻死刑の判決が下され、それは直ちに執行されました。しかもそれは斬首のうえ梟首《きょうしゅ》（さらし首）という、江戸時代に逆戻りしたような極刑だったのです。

こうして「貪官汚吏」は生き延びました。後に西郷隆盛が西南戦争を起こしたことも、こうした政府の腐敗への強い怒りがあったことが間違いないでしょう。しかし西郷も本気で政府を転覆させる気などなかったようです。それは、熊本城などほとんど戦略的に意味のない城を攻撃したことを見ても明らかです。

ちなみに作家の司馬遼太郎氏は、「江藤や西郷が起こした乱による衝撃が官員たちを粛然とさせ、その後明治が終わるまでほとんど汚職事件はなかった」と指摘しています。

教科書にはない近代の戦争論

このように、教科書が伝えていない、あるいは誤って伝えている歴史の解釈は、近代の戦争に関する記述の中にもあります。

たとえば日本はいまだに「過去の戦争はすべて悪」という「罪悪感史観」から抜け切れていません。それは、日本の敗戦後にGHQ（連合国軍総司令部）がやってきて、「日本がすべて悪い」という教育を施した影響も大きいと思います。

もちろん、日本のやったことがすべて正しいわけではありません。しかしすべて悪かったわけでもありません。たとえば日清戦争における日本の勝利は、大いに意義がありました。それは紀元前から続いていた中国（＝世界の中心たる帝国）の覇権を終わらせ、アジア全体の近代化への道を開いたためです。

中国が古代から近代にいたるまで、アジアを代表する「世界の中心の国」であったことは、まぎれもない事実です。しかし近代になり、明朝をピークに、中国は衰退し始めます。なぜなら、「世界一」の上にあぐらをかいて外国から学ぶという心を失ったために、永い眠りに入ってしまったからです。それはアヘン戦争でイギリスに痛めつけられた後も、基本的には変わりませんでした。

しかし「中国は世界一」という中華体制が続く限り、民主主義も近代的資本主義も、男女平等も職業選択の自由も、アジアでは何一つ実現しません。「世界一」の中国で行われていないことを、「周辺国家」が行うわけにはいかないからです。もしこの中華体制が続いていたら、アジアはインドのように、まとめてヨーロッパの植民地となっていたでしょう。それを防いだのが、いち早く近代化の必要性を認め、実行し、日清戦争に勝利した日本だったのです。

この戦争の後、日本は朝鮮の独立を奪ったので、韓国などでは日清戦争を「日本のアジア侵略の一歩」と言っていますが、それは結果からの強弁で、日清戦争の勝利が朝鮮の独立を促進させたことも、まぎれもない事実なのです。

乃木将軍は本当に愚将だったのか

同様に、日露戦争における日本の勝利も、「非白人の白人に対する初めての勝利」という意味では、アジアをはじめとする非白人系の民族に希望を与えたものだと思います。

日露戦争に関しては、海軍大将の東郷平八郎と、陸軍大将の乃木希典《まれすけ》という2人の大将が引き合いに出されます。東郷は名将、乃木は愚将というのが一般的な評価ですが、果たしてそうなのでしょうか？

司馬遼太郎氏の『坂の上の雲』などで展開される「乃木愚将論」の根拠は、旅順要塞の攻防戦における乃木の戦法です。火砲を軽視し、歩兵の突撃を重視した拙劣な方法で、6万人もの兵士を死傷させたという

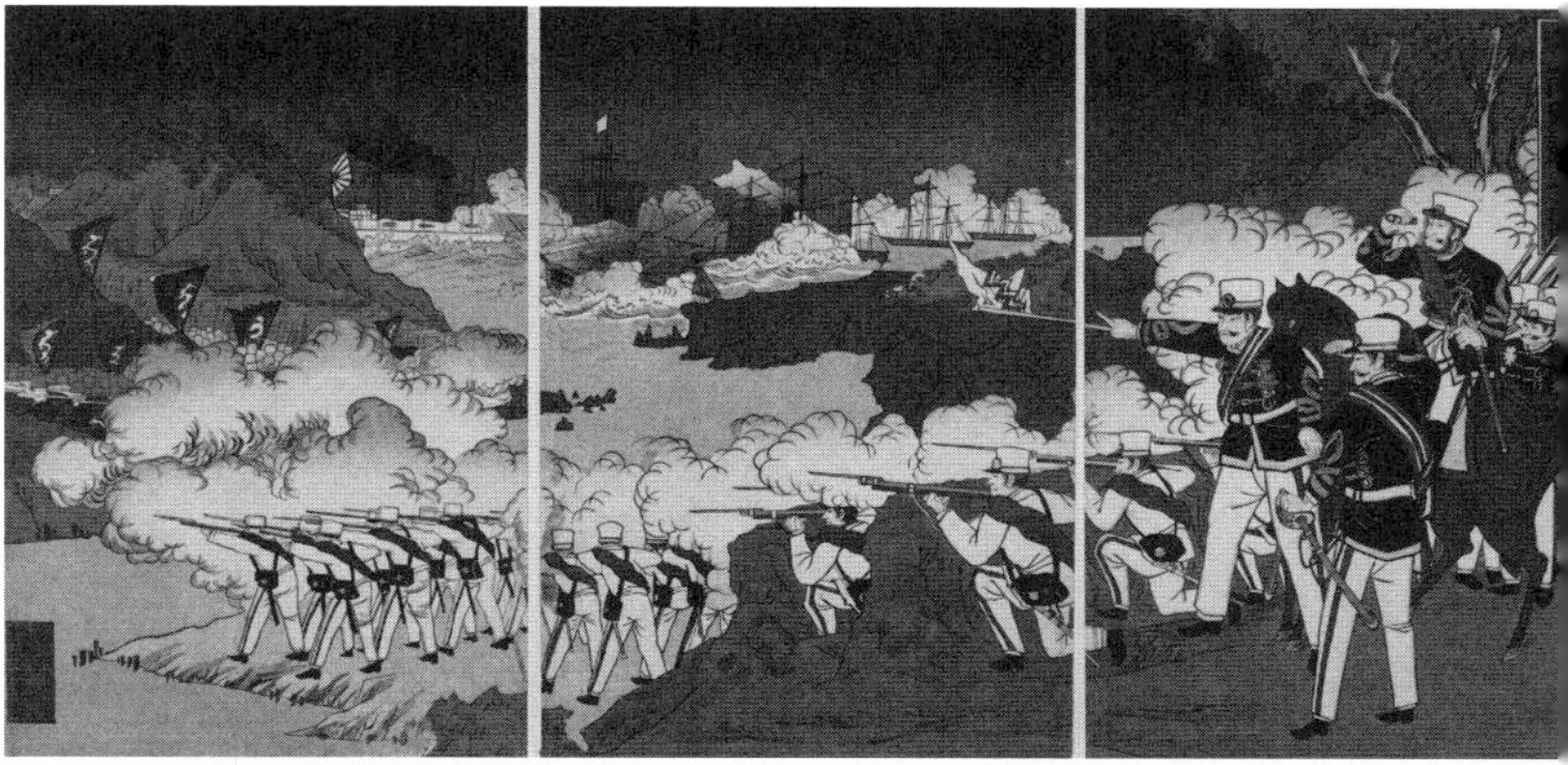

日清戦争

日本が中国に勝利したことにより、中国は世界一という「中華体制」を阻止し、アジアから中国の政治力を排除した。そのことがアジアの近代化に寄与した点にも注目すべき。

ものです。

しかし、歴史学者の福井雄三氏によれば、乃木のとった戦法は、極めて妥当なものだとのことです。まず味方の火砲で敵を叩いたのちに、歩兵が突撃するのは戦法の常道であって、苦戦したのは敵要塞が堅牢なのに対し、日本側が慢性的な砲弾不足であったためです。

また、日露戦争後に起こった第一次世界大戦のフランスのベルダン要塞攻防戦で、攻撃側のドイツと守備側のフランス両軍合わせて26万人の死者を出したという例もあります。要塞攻撃には、もとより大量の戦死者を覚悟しなければならないのです。

もしベルダン要塞の攻撃が、時代的に旅順攻撃よりも前の時代のものなら、乃木将軍は、「(ベルダン要塞攻防戦より)少ない戦死者で要塞攻略に成功(ベルダンにおけるドイツ軍は失敗)」という評価を得ていたかもしれないのです。

TOPIC
32

朝鮮戦争と南京大虐殺の知られざる真実

事実を曲げてまで自国の非をことさらに強調する意見に踊らされてはいけない

日本を悪者にする歴史学者

　日本はかつて太平洋戦争（大東亜戦争）を起こして、周囲のアジア諸国に多大な迷惑をかけました。それは事実として認めなければなりません。しかし、いくら戦争を反省するためとはいえ、事実を曲げてまで日本の非を鳴らそうとする歴史学者の説を認めるわけにはいきません。

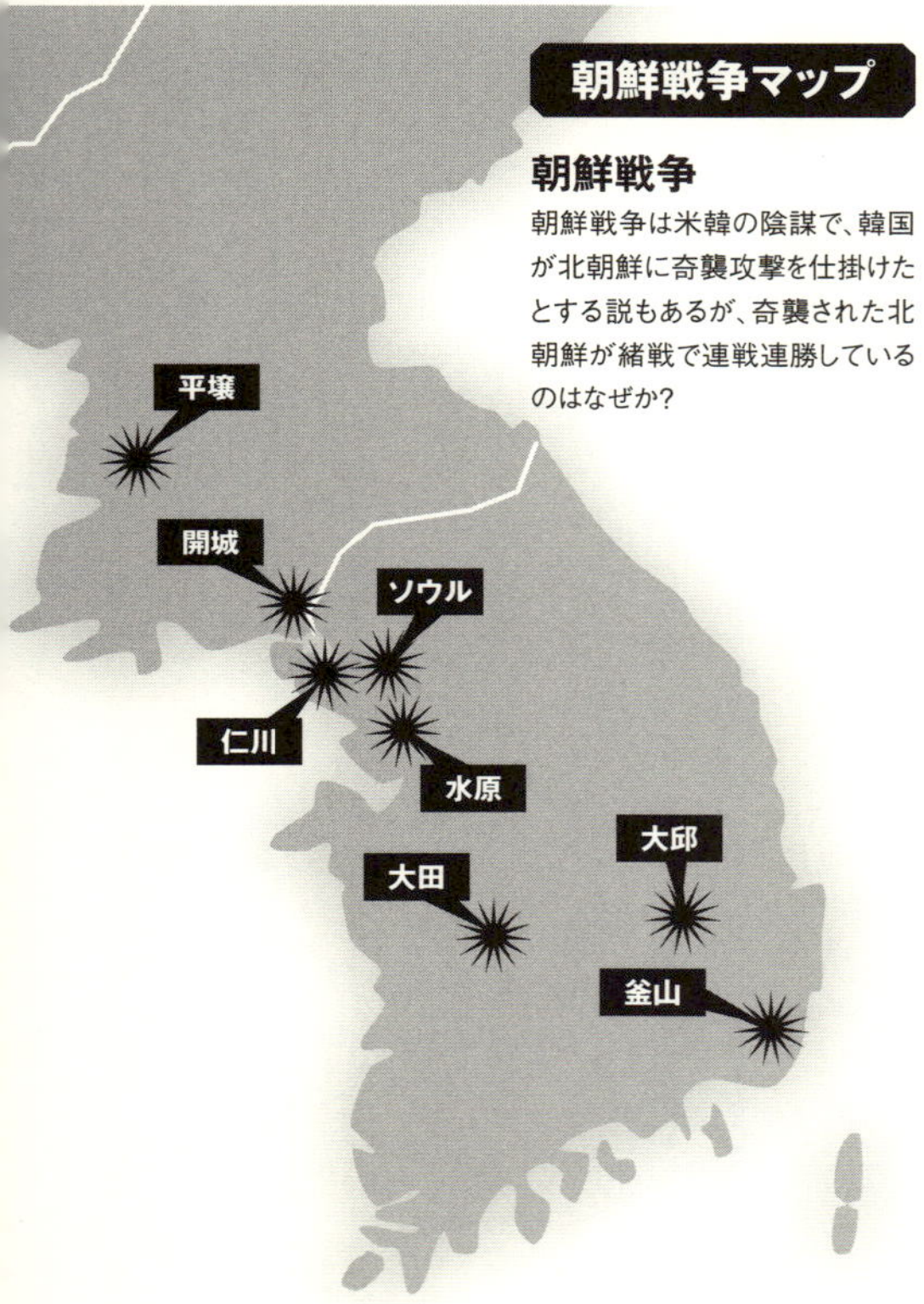

朝鮮戦争
朝鮮戦争は米韓の陰謀で、韓国が北朝鮮に奇襲攻撃を仕掛けたとする説もあるが、奇襲された北朝鮮が緒戦で連戦連勝しているのはなぜか？

その端的な例が朝鮮戦争です。韓国に侵攻した北朝鮮に対し、国連軍が反撃したというのが朝鮮戦争の事実です。ところが、つい四半世紀前まではまったく逆のことが事実として伝えられていました。

ある有名な歴史学者は、このとき北朝鮮を支援した中国の行動を正当化するために、「朝鮮戦争は韓国とアメリカによる陰謀で、被害者である北朝鮮を中国が助けたのだ」とする中国の言い分を、事実として広めてきたのです。

南京大虐殺に見る中国の誇張と目的

歴史教育において最も大切なことは、真実を伝えることです。不本意にも誤りを書いてしまったら、直ちに訂正して誤解を与えた人に謝罪すべきでしょう。しかし歴史学者の中には、南京大虐殺《だいぎゃくさつ》に関しても、中国政府の宣伝活動に迎合し、「嘘」を堂々と伝えている人がいます。

日中戦争で日本が入城したときの南京には20万人の市民が残っていました。ところが、中国の主張では30万人。それを全員殺したということになっています。30万もの人を殺した場合、その死体は放っておくと大変な異臭を放ちます。過去には数千人の死体を放置して異臭に耐え切れず退去したというチンギス・ハンの例があるほどです。

30万人という数字は中国の誇張でしょう。それほどの大虐殺が本当に行われたのなら、責任者の松井石根《いわね》大将が記者会見で外国人記者から糾弾《きゅうだん》されてもよさそうなものですが、虐殺に関する質問はいっさいありませんでした。虐殺が誇張されたのは、不公平な復讐裁判とも言うべき極東軍事裁判でのことです。

中国の行っている反日には目的があります。ひとつは、中国共産党への不満をそらすこと。国家に対する人民の不満が高じてくると反日感情を煽ることで、自国の体制を固めるのです。

もうひとつは日本から援助を引き出すことです。日本は中国に対し3兆円以上の援助を行っていますが、中国の一般人民は、その事実を知らされていません。さらに国内では日本の非を執拗に訴える歴史学者がいるため、歴史の事実が歪められ、国際政治のかけひきに利用されてしまっている側面もあるのです。

TOPIC 33

大東亜戦争における不可思議な解釈

ソ連の「条約破り」と中国残留日本人孤児の発生原因をきちんと伝えるべし

中国残留日本人孤児発生の原因

昭和20年（1945）8月、日本が太平洋戦争で降伏する直前に、ソビエト連邦（現ロシア）は、日ソ中立条約を一方的に破り、日本に侵入してきました。このことが原因で、中国残留日本人孤児が発生します。日本は、中立条約を結んでいるソ連は攻めてこないと安心していたところを、不意打ちを食ったため、大陸にいた多くの日本人が着の身着のままで逃げ出し、子どもさえも捨てざるを得なかったのです。ところが、今の日本では、そうしたソ連の「条約破り」が中国残留孤児という悲劇を発生させたのだということすら、知る人は少なくなってきています。

それは教科書にそう書いていないからです。これも朝鮮戦争（179ページ参照）の記述と同じで、教科書が本当に歴史の事実を記そうとしているのか、それとも誤ったイデオロギーの影響を受けて事実を曲げようとしているのか、どちらかだと思います。

常に疑うことを忘れずに

ある教科書の注では、【ソ連の突然の参戦に対し、満州の関東軍がいち早く退却したために、日本人移民や在留者の多くがとり残されて、悲惨な逃避行を強いられた。その際、中国に残された日本人の子ども（「中国残留孤児」）のなかには、現在も日本の肉親を探したり、日本への帰国を希望したりする人が少なくない。また、ソ連はこのとき、日本軍人など57万人以上を捕らえて、シベリアなどに抑留し、過酷な強制労働に使役した】とありました（その後、この注は削除された）。

この記述において唯一不満を感じるのは、「条約破り」ということが明記されていないことですが、その他のことについては真実が

ソ連参戦

米・英・ソ連の首脳によるヤルタ会談の後、ソ連は日ソ中立条約を一方的に破り、日本に侵入した。いわゆる「条約破り」について記述している教科書は少ない。

過不足なく書かれているようです。しかし他の教科書では欄外に、【日本軍兵士など、約60万人がソ連の捕虜となり、不法に強制連行されて、ソ連やモンゴルなどの収容所に抑留された】とは書いてあるのですが、多くの残留孤児の原因がそれであるということは載っていません。

一方、【ソ連もヤルタ条項にもとづいて、日ソ中立条約を無視し、予定を早めて8日に対日参戦し、満州へ侵入した】ということがきちんと書かれている教科書もあります。

このように近現代史の場合には、イデオロギーによって事実を無視した暴論がまかりとおっているというのが大きな問題です。私たちは常に心して、一流といわれている学者の記述であっても、疑うということを忘れてはいけないでしょう。

まとめ

日本人は歴史から何を学ぶか

日本人がなぜ外交交渉に弱いのか。歴史を振り返れば、その理由がわかる

日本で改革が進まない理由

織田信長が、まだ小国の領主だったころは、あることをしようとした場合、まず主立った者を集めて意見を聞いたそうです。そこですべての人に意見を言わせた後、その中から、自分の意見に最も近いものを「おまえの意見を採用する」という形で選び実行したというのです。

つまり、ここでの会議は一種の儀式なのです。最初から信長は話し合いでものごとを決めるつもりはなく、方針はすでに決まっているのです。しかし独断専行型の英雄である信長ですら、まだ基礎が固まらない時期には「話し合い」を尊重しなければ家臣に反発されてしまったということです。これを我々は「根回し」と呼んでいますが、日本の歴史上はこれが当たり前に行われてきたのです。

稟議書社会から脱却するには

ビジネスの社会で言えば、「稟議書《りんぎしょ》」がそれに当たります。この稟議的考え方こそが、日本人が民主主義と呼んでいるものの本当の姿です。

しかしこの方法は、決定のスピードが遅い。西洋流の民主主義は、普通の案件ならば多数決で決定することができます。多数決ということは、１００人いた場合、51対49で決められるということです。ところが稟議書の場合、10人に回す場合、１人でも臍を曲げてハンコを押さなければ、残りの９人がハンコを押していても、その稟議書は通りません。そのため、決定のスピードは、ずいぶんと遅れてしまうことがあります。

こうした稟議書社会の欠点を補うために、日本ではＣＥＯ、つまり最高経営責任者という制度ができています。ＣＥＯというのは独裁者です。つまり、これまでの日本人のメンタリティではどうしてもカバーできない部分を、外国の文化を取り入れることによってカバーしているのです。

日本人のメンタリティからいえば、日本人にとって「和」の世界が一番落ち着くというのは事実です。「和」としてのメンタリティを持っていると、どうしても相手との協調性を保とうとする方向に心が働きます。その結果、相手の言うことを少しは取り入れて、自分の原理と調和させようとします。しかしそれをやればやるほど、一方的にものごとを言ってくる民族には負けてしまうのです。

本書でも取り上げたように、アメリカ人は最初、日本人に対し下手に出ました。しかしそれが通用しないと見るや高飛車に出てそして成功しました。日本人はそこで自己主張しなかったため、アメリカは今でもそうすることが正しいと考えている節があります。

そうしたことを打破していくためには、やはり歴史というものの真実の姿を見極めなくてはいけないのだと思います。

日本史辞典

あ行

会津藩（あいづはん）
現在の福島県会津若松市を中心とした地域。第9代藩主松平容保は京都守護職を務め、蛤御門の変では長州藩を撃破し、その恨みを買う。戊辰戦争では薩摩・長州藩中心の新政府軍に敗北。廃藩となるが、その後、斗南藩として再興。

足利尊氏（あしかが・たかうじ）
室町幕府の初代将軍。鎌倉幕府の滅亡に貢献、建武の新政に参加するが、後醍醐天皇と対立して挙兵。一度は敗走するが、勢力を盛り返して後醍醐天皇を吉野へ追いやる（南北朝時代の始まり）。

足利義満（あしかが・よしみつ）
室町幕府3代将軍。南北朝の統一や明との貿易等を行い、金閣寺を建立。世阿弥を庇護して能の発展にも貢献した。

阿弥陀如来（あみだにょらい）
大乗仏教の如来(仏陀／釈迦)の一つ。極楽浄土の仏で、阿弥陀仏ともいう。浄土真宗では、阿弥陀如来一仏を本尊とする。

安政の大獄（あんせいのたいごく）
1858年（安政5年）から翌年にかけて大老の井伊直弼が、反対派の公家や大名、志士たちを大量に処罰した事件。吉田松陰も連座。これがきっかけで井伊は桜田門外の変で暗殺される。

伊藤博文（いとう・ひろぶみ）
長州藩士。松下村塾で学び、幕末の倒幕運動に参加。明治政府では大日本帝国憲法の起草を中心となって進めるなど活躍し、日本の初代内閣総理大臣になる。1909年、清（中国）のハルビンで朝鮮の独立運動家・安重根に暗殺される。

井上馨（いのうえ・かおる）
長州藩士。伊藤博文らとイギリスに留学し、後、開国派に転じる。明治政府では農商務大臣や内務大臣、大蔵大臣などを歴任。

江藤新平（えとう・しんぺい）
佐賀藩士。明治政府では司法卿となり、司法権の独立・警察制度の統一などを行う。のち参議となり征韓論を主張するが、受け入れられず西郷隆盛らとともに下野。佐賀の乱の中心人物として政府に逮捕され、死刑となる。

王政復古の大号令
（おうせいふっこのだいごうれい）
「王政復古」とも言う。幕府を廃止し、

天皇のもとに新たな三職（総裁・議定・参与）を置いて、有力諸藩が共同で政治を行うことなどをうたった。

応仁の乱（おうにんのらん）
１４６７年、将軍足利義政の後継ぎ争いに、有力守護大名の細川勝元と山名宗全の対立が加わって戦乱に発展。京都を舞台に戦いが繰り広げられ、地方にも広がる大乱となった。

織田信長（おだ・のぶなが）
戦国時代から安土桃山時代にかけての戦国大名。桶狭間の戦いで今川義元を破って台頭。将軍・足利義昭を奉じて上京、その後周辺の有力大名を押さえて天下に覇を唱えるが、１５８２年、明智光秀により、京都・本能寺で殺される。

か行

鎌倉幕府（かまくらばくふ）
12世紀末に源頼朝が開き、鎌倉を本拠地として１３３３年まで続いた武士の政権。

関白（かんぱく）
天皇の政治を補佐する職。摂政と同じ意味合いだが、幼い天皇を助ける役職が摂政、成人した天皇を助ける役職が関白と言われた。

木戸孝允（きど・たかよし）
長州藩士。吉田松陰の門弟の一人。桂小五郎と名乗っていたが、明治維新後に木戸孝允と改名。西郷隆盛らと薩長同盟を結ぶなど明治維新に貢献。明治政府では版籍奉還や廃藩置県などの改革を手がけた。

久坂玄瑞（くさか・げんずい）
長州藩士。萩の医者の家に生まれ、松下村塾では高杉晋作と一、二を争う秀才と言われる。藩内の尊王攘夷派の中心となるが、１８６４年の禁門の変（蛤御門の変）で敗れて自刃。

百済（くだら）
日本が古墳時代の頃、朝鮮半島の三つの国のうち朝鮮半島南西部に勢力を持った国。６６３年に滅亡。

さ行

西郷隆盛（さいごう・たかもり）
薩摩藩士。藩主・島津斉彬に見出されて頭角を現す。第一次長州征伐には幕府の参謀として参戦。後に薩長同盟を成立させ、戊辰戦争では各地の戦いで指揮をとる。明治政府で要職に就くが、征韓論が受け入れられず下野し、鹿児島に戻る。１８７７年の西南戦争で政府軍に敗れて自刃。

坂本龍馬（さかもと・りょうま）
土佐藩出身の志士。薩長同盟を成功させ、五箇条の御誓文のもととなる「船中八策」を考案。大政奉還の直後、同じ土佐藩出身の中岡慎太郎とともに京都で暗殺される。

薩長同盟（さっちょうどうめい）
１８６６年に薩摩藩と長州藩が結んだ、江戸幕府倒幕のための同盟。坂本龍馬が仲介し、長州藩の木戸孝允（桂小五郎）、薩摩藩の西郷隆盛・大久保利通らが会談して成立。

薩摩藩（さつまはん）
現在の鹿児島県域。江戸時代に島津氏が藩主を務めた。幕末には藩主島津斉彬が藩政の改革を行って国力を高め、その弟の久光は公武合体の立場をとり政治の中心として活躍。また同藩では、西郷隆盛や大久保利通らを輩出している。

参勤交代（さんきんこうたい）
江戸時代、大名が領地を離れて、一定期間を江戸で過ごすことを義務付けた制度。大名の財政負担は大きく、幕府への反逆の芽を摘む効果があった。

守護大名（しゅごだいみょう）
室町時代の職の一つで、地方を支配するために置かれた役人。鎌倉・室町時代ともに「守護」と言うが、区別するために、室町時代のものは「守護大名」とも呼ぶ。

聖徳太子（しょうとくたいし）
厩戸皇子とも言う。推古天皇の摂政（補佐役）として政治を助ける。仏教を深く信仰し、憲法十七条や冠位十二階を定めた。

新羅（しらぎ）
日本が古墳時代の頃、三つに分かれていた朝鮮半島の国の一つ。676年に朝鮮半島全土を支配、935年に滅亡。

菅原道真（すがわらの・みちざね）
平安時代の学者・政治家。宇多天皇に重用され、右大臣にまでなるが、藤原氏などの陰謀により大宰府（福岡県）に左遷、その地で死亡する。道真の死後に起こった天変地異を「道真の祟り」だと恐れた朝廷は、道真に太政大臣の位を贈り、京都に北野天満宮を建立して道真の祟りを鎮めようとした。

征夷大将軍（せいいたいしょうぐん）
奈良時代に東北地方の蝦夷を攻めるため任命された軍隊の総司令官。鎌倉時代以降は、武家政権のトップの称号になり、朝廷から任命された。

関ヶ原の戦い（せきがはらのたたかい）
1600年、美濃国（岐阜県）の関ヶ原で石田三成派の軍勢と徳川家康派の軍勢が衝突した「天下分け目の戦い」。徳川方が勝利する。

戦国時代（せんごくじだい）
室町時代の後半で、一般的には1467年の応仁の乱から、室町幕府が織田信長によって事実上滅ぼされた1573年までの期間を言う。

尊王攘夷（そんのうじょうい）
天皇を尊び政治の中心とする尊王と、外国を追い払う攘夷とが結びついた思想。後には幕府に反対する運動に発展。「大攘夷」と「小攘夷」があり、「大攘夷」は単に外国を打ち払うのではなく、外国と積極的に結びその技術・制度を取り入れて富国強兵を行う思想。

た行

大政奉還（たいせいほうかん）
1867年、徳川第15代将軍の徳川慶喜が将軍職をやめ、政権を朝廷に返した出来事。これにより、鎌倉時代から続いた武家政権の時代は終焉する。

太平洋戦争（たいへいようせんそう）
1941年（昭和16年）12月8日、日本軍によるハワイの真珠湾攻撃をきっかけに始まった、日本と米・英・中・ソなど連合国との戦争。1945年に日本がポツダム宣言を受け入れ、降伏文書に調印。

平清盛（たいらの・きよもり）
平安時代末期の武将・公卿。保元・平治の乱で勝利者となり、武士として初めて太政大臣になる。娘の徳子を高倉天皇に入内させるなど天皇家との関係を深めて、平氏政権を強固なものに。しかし後白河法皇と対立し、ついには法皇を幽閉。徳子の産んだ安徳天皇を擁し政治の実権を握るが、平氏の独裁は貴族・寺社・武士などから大きな反発を受ける。源氏による平氏打倒の動きが盛んになる中、熱病で死亡。

高杉晋作（たかすぎ・しんさく）
長州藩士。藩校の明倫館や吉田松陰の松下村塾で学び、後に奇兵隊を創設。長州藩を倒幕の方向に導き、長州征伐の幕府軍を打ち負かすなど活躍。明治維新前に病死。

長州藩（ちょうしゅうはん）
薩摩藩とともに明治維新の原動力となった藩。幕末から明治の初めにかけての長州藩は、支藩を含めた周防・長門両国を指す。

天保の改革（てんぽうのかいかく）
江戸時代の天保年間の1841から1843年にかけて、老中・水野忠邦を中心に行われた改革の総称。享保の改革、寛政の改革と並ぶ、江戸時代の三大改革の一つ。

徳川家康（とくがわ・いえやす）
戦国〜江戸時代初期にかけての武将・戦国大名。豊臣秀吉亡き後、関ヶ原の戦いに勝利し、大坂夏の陣で豊臣家を滅ぼす。江戸幕府の初代征夷大将軍。

徳川慶喜（とくがわ・よしのぶ）
徳川第15代将軍で、最後の将軍となる。倒幕運動の高まりに屈し、1867年に政権を朝廷に返上（大政奉還）、江戸幕府を終焉させる。

鳥羽伏見の戦い（とばふしみのたたかい）
1868年、江戸幕府の軍と薩摩・長州の軍が、京都の鳥羽と伏見で起こした戦い。戊辰戦争の緒戦となり、幕府軍の大敗に終わる。

豊臣秀吉（とよとみ・ひでよし）
足軽の身分から織田信長に見出されて出世し、信長の死後、天下を統一した武将。織田家臣時代は羽柴を名乗っていたが、後に太政大臣となり、「豊臣」姓に。朝鮮半島にも出兵。また、太閤検地や刀狩り、バテレン追放令なども行う。

な行

南北朝時代（なんぼくちょうじだい）
建武の新政崩壊後の1336年、足利尊氏が京都で新しく天皇を立てたのに対し、後醍醐天皇が吉野（奈良県）で朝廷を創設し、室町幕府第三代将軍・足利義満の時代まで約60年間、朝廷が南北に両立した時代。

日米修好通商条約（にちべいしゅうこうつうしょうじょうやく）
1858年、日本とアメリカ合衆国との間で結ばれた通商条約。外国人の犯罪を日本の法律で裁けない、日本の関税自主権がないなどの不平等条約であった。大老の井伊直弼は条約を結ぶ際に朝廷の許しを得なかったため、朝廷と幕府の対立を招き、攘夷派の反発を買った結果、暗殺される。

日米和親条約（にちべいわしんじょうやく）
1854年、日本とアメリカ合衆国との間で結ばれた条約。下田・箱館（函館）の開港のほか、日本がアメリカに燃料や食料を提供する、領事の駐在を認める、アメリカに最恵国待遇（日本が他の国と結んだ条約の中で有利な条件はアメリカにも自動的にも認める）などの内容が含まれている。

日露戦争（にちろせんそう）
1904年、日本とロシアの間で起きた戦争。主に中国大陸の渤海沿岸が戦場となった。日本は旅順、奉天、日本海海戦などで勝利を収めたが、犠牲も多く、戦争を続けていくには限界があった。そのため、アメリカのルーズベルト大統領の仲介により、終戦交渉を行い、ロシアとの間にポーツマス条約を結んで戦争を終結させた。

日清戦争（にっしんせんそう）
1894年から翌1895年にかけて、日本と清（中国）との間で行われた戦争。日本が勝利し、清との講和条約で遼東半島や台湾などを植民地としたが、ロシア・ドイツ・フランスの干渉（三国干渉）により、遼東半島は返還。しかし日本の勝利は、結果として朝鮮半島独立の道を開いた。

日中戦争（にっちゅうせんそう）
1937年7月7日、中国・北京郊外の盧溝橋付近における日本軍と中国軍の衝突（盧溝橋事件）をきっかけに始まった戦争。中国への派兵をやめるよう求めたアメリカとの交渉も決裂し、1941年、日本は太平洋戦争に突入する。

日本書紀（にほんしょき）
日本で最初につくられた日本の歴史書で、720年に完成。全30巻。神話的な物語や歴代の天皇について書かれている。

乃木希典（のぎ・まれすけ）
明治時代の軍人。日清戦争・日露戦争における日本軍の指揮官。日露戦争では旅順要塞の攻略に当たる。1912年、明治天皇に殉じて自刃した。

は行

廃藩置県（はいはんちけん）
1871年、明治政府が行った行政改革。藩を廃止して地方行政の単位として府・県を置いた。県令などの上層部には、その県の出身者を起用しない方針を採用。そのため、特定の領主がその土地を支配するという平安時代からの土地支配のあり方を根本的に変革した。

蛤御門の変（はまぐりごもんのへん）
禁門の変ともいう。1864年、会津、薩

摩の公武合体派から追われた長州藩が形勢を立て直すために京都に攻め込み、会津藩主松平容保の軍に敗れた事変。戦火により京都市中では約3万戸が焼失した。

平安時代（へいあんじだい）
京都の平安京に政権の中心があった時代。8世紀末から12世紀末までと言われているが、諸説ある。

ま行

松平定信（まつだいら・さだのぶ）
江戸時代中期の大名、老中で、寛政の改革を行った。陸奥白河藩第3代藩主。祖父は江戸幕府第8代将軍・徳川吉宗。

松平容保（まつだいら・かたもり）
幕末の会津藩主。京都の警備を担当する京都守護職を務め、長州藩と対立。戊辰戦争で新政府軍と戦って敗れる。

源義経（みなもとの・よしつね）
平安時代末期の武将。源義朝の九男であり、鎌倉幕府を開いた源頼朝の異母弟。壇ノ浦で平家を滅亡させるが、後に頼朝の追及を受けて奥羽の藤原氏の元に身を寄せるが、当主・藤原泰衡に攻められ衣川館で自刃する。

源頼朝（みなもとの・よりとも）
平安時代末期から鎌倉時代初期の武将。1180年に平氏討伐のため挙兵。鎌倉を中心とした南関東の武士政権を築き、1192年、征夷大将軍に任命された。

室町時代（むろまちじだい）
1336年に建武政府が崩壊してから、1573年に織田信長が足利義昭を追放するまで、京都の室町に幕府があった時代。1467年の応仁の乱以後は戦国時代とも言う。

明治維新（めいじいしん）
1867年に行われた徳川慶喜の政権の返上（大政奉還）から、王政復古の大号令、1868年の明治政府の成立までの一連の改革。

や行

弥生時代（やよいじだい）
紀元前3・4世紀から紀元後3世紀中頃まで。基本的には稲作農耕が始まってから、前方後円墳が造られるようになるまでの期間を指す。

吉田松陰（よしだ・しょういん）
江戸時代末期の長州藩志士。松下村塾で高杉晋作や久坂玄端など維新志士を指導。安政の大獄で捕えられ、刑死。

写真資料所蔵・提供・協力一覧
（順不同、敬称略）
表紙カバー写真（アフロ）／真田幸村出丸城跡碑（眞田丸 http://sanadamaru.syuriken.jp/）／品川台場（城めぐりチャンネル https://akiou.wordpress.com/）／島津斉彬公像（写真提供：鹿児島市）、反射炉跡（撮影：小池隆、クリエイティブコモンズ）／大政奉還（「大政奉還」（邨田丹陵）、聖徳記念絵画館蔵）／五箇条の御誓文（「五箇條御誓文」（乾 南陽、聖徳記念絵画館壁画）／佐賀城（佐賀市観光協会）／大久保利通、由利公正（国立国会図書館蔵）／（その他）榊原香織、小野雅彦

PROFILE

井沢元彦（いざわ もとひこ）

1954年、名古屋市生まれ。早稲田大学法学部卒。TBS入社後、報道局記者時代に『猿丸幻視行』にて第26回江戸川乱歩賞を受賞（26歳）。31歳で退社し、以後作家活動に専念。歴史推理・ノンフィクションに独自の世界を開拓。『言霊』『穢れと茶碗』『隠された帝』『天皇になろうとした将軍』『逆説の日本史』（古代黎明編から幕末年代史編Ⅳまで既刊）ほか著書多数。テレビ出演や講演活動も積極的に行っている。2009年4月から、大正大学客員教授（表現学部）。

井沢元彦の
教科書には載らない日本史

2016年5月27日　第1刷発行

監　修　井沢元彦
発行人　蓮見清一
発行所　株式会社 宝島社

〒102-8388　東京都千代田区一番町25番地
電話：営業 03-3234-4621／編集 03-3239-0646
http://tkj.jp
振替：00170-1-170829 ㈱宝島社

印刷・製本　サンケイ総合印刷株式会社

ISBN 978-4-8002-5389-7